陕西师范大学优秀著作出版基金资助出版
陕西师范大学一流学科建设经费资助出版
中国博士后科学基金项目（2021M692013）资助出版
陕西省软科学项目（2021KRM199）资助出版

区域贸易协定的多边效应
——以 RCEP 合作为例

Multilateral Effects of Regional
Trade Agreements:
A Case Study of RCEP

王 珏 著

中国财经出版传媒集团
经济科学出版社
Economic Science Press

图书在版编目（CIP）数据

区域贸易协定的多边效应：以 RCEP 合作为例/王珏著.
—北京：经济科学出版社，2021.11
ISBN 978 - 7 - 5218 - 3117 - 7

Ⅰ.①区⋯ Ⅱ.①王⋯ Ⅲ.①区域贸易 - 多边贸易 -
研究 Ⅳ.①F740.4

中国版本图书馆 CIP 数据核字（2021）第 240782 号

责任编辑：杨 洋 赵 岩
责任校对：靳玉环
责任印制：王世伟

区域贸易协定的多边效应
——以 RCEP 合作为例
王 珏 著

经济科学出版社出版、发行 新华书店经销
社址：北京市海淀区阜成路甲 28 号 邮编：100142
总编部电话：010 - 88191217 发行部电话：010 - 88191522
网址：www. esp. com. cn
电子邮箱：esp@ esp. com. cn
天猫网店：经济科学出版社旗舰店
网址：http://jjkxcbs. tmall. com
北京季蜂印刷有限公司印装
710 × 1000 16 开 10.25 印张 200000 字
2021 年 11 月第 1 版 2021 年 11 月第 1 次印刷
ISBN 978 - 7 - 5218 - 3117 - 7 定价：43.00 元
（图书出现印装问题，本社负责调换。电话：010 - 88191510）
（版权所有 侵权必究 打击盗版 举报热线：010 - 88191661
QQ：2242791300 营销中心电话：010 - 88191537
电子邮箱：dbts@ esp. com. cn）

前　言

在世界贸易组织（WTO）主导的全球性贸易合作谈判陷入僵局的现实背景下，世界各地的区域贸易协定（RTA）数量却在近半个世纪内大幅增长，这也导致 RTA 受到了特别关注。RTA 的建立会同时对参与方和非参与方产生影响，这些多边效应对区域贸易格局的综合性影响将直接决定 RTA 的建设价值和效果评价。

本书利用较为主流的结构性引力模型方法，首先，构建了引力模型视角下 RTA 影响多国贸易流的分析框架。从概念阐释和数理推导等方面建立一个关于 RTA 多边影响的研究体系。其次，就经典多边阻力变量不存在解析解的问题，扩展了多边阻力引力模型，分别提出了采用总出口和加权多边成本来捕捉多边阻力变量的两个代表性企业模型，以及采用距离矩阵来捕捉多边阻力变量的异质性企业引力模型，并以此分析了 RTA 对于参与方与非参与方的贸易影响。最后，在一般均衡分析和多边贸易成本测算的基础上，通过校准后的多边阻力引力模型，结合亚太地区当前的 RTA 合作实践，对于中国未来的区域贸易合作可能产生的多边影响进行了宏观与微观两个层面的数值模拟分析。本书的主要研究发现如下：

第一，无论是单边合作还是多边合作，RTA 对贸易流都存在两类可以体现于理论引力模型中的影响，通过双边贸易成本的影响方式和多边阻力变量的影响方式存在差异，两者共同描述了 RTA 的多边贸易效应。本书在统一的模型结构下分析了这两种影响，其中多边阻力变量的具体形式应当根据国家规模进行调整。在经典引力模型求解思路的基础上，本书设计了多边阻力变量可以被解析的模型设置，分析了 RTA 影响贸易流的两条不同渠道及其影响因素。

第二，RTA 对一国贸易的影响不仅体现在宏观层面的贸易流上，还会对一国产生微观层面的影响。主动进行贸易自由化的 RTA 参与方将变成更好的出口地，其本地企业也将获得更好的进入其他市场的机会。根据异质性企业引力模型的分析结论（Melitz & Ottaviano，2008），在不同情形下，不同种类的 RTA 参与方的截断成本都将比非参与方更低，这将为该国带来更高的企业平均生产率和更好的企业平均绩效。这丰富了安德森和温库普（Anderson & van Wincoop，2003）、诺威（Novy，2006）等提出的经典引力模型对于贸易效应的分析内容。

第三，无论是单边合作还是多边合作，RTA 的贸易效应大小都和参与方之间的原有贸易成本正相关，并和参与方的贸易额占对外经济比例正相关。前者说明 RTA 缔结之前如果双方的贸易成本很高，RTA 的效果将会更显著；后者则说明 RTA 缔结的效果和双方的原有贸易规模关系密切。如果一国是出口导向型国家，将会受到更强的多边影响。同时，出口对象国经济规模越大，受到的影响会越明显。

本书的研究发现对于中国未来的自贸区战略和区域贸易合作政策具有启示意义：首先，对于一个包含多个国家和多个现有 RTA 框架的地区，一个国家在评估 RTA 效果时应该考虑双边贸易成本变化与多边阻力变化带来的综合性影响。其次，RTA 的贸易效应大小和双边原有成本正相关，和双边原有贸易额占对外经济比例正相关，这要求一国在选择参与 RTA 时，应当注意到其对不同国家的不同影响。最后，应当在分析 RTA 宏观贸易效应的基础上，纳入其对于贸易环境产生的微观影响，构建更为全面的 RTA 评估体系，其得出的评估结果对于一国政府的决策将具有更全面的参考价值，同时还可以服务于跨国公司对于产品出口方向的判断。

希望这样一本著作能够对有志于研究 RTA 贸易效应问题的同行有所裨益，同时对想要了解结构性引力模型推导的研究生有所帮助。受限于作者的能力和时间、精力的限制，书中难免存在论证不充分的地方，恳请广大读者和同行专家批评指正。

王　珏

2021 年 4 月

目 录
Contents

区域贸易协定的多边效应——以RCEP合作为例

1

绪论

1.1　研究背景与研究意义

1.1.1　研究背景

由世界贸易组织（WTO，及其前身 GATT）主导的全球多边贸易谈判和由一个区域内的若干国家自发组织的区域贸易协定（RTA）[①] 是国家间贸易合作的两种基本类型。但由于议题的扩展和谈判成员的增多，旨在达成全球经济一体化的多边贸易谈判已经进入举步维艰的境地。与此同时，以 RTA 为代表的局部一体化合作在全球范围内不断增加。

如图 1-1 所示，全球 RTA 数目在半个多世纪以来实现了大幅增长，尤其是 1990~2017 年的近 30 年内，RTA 的数目从 25 个增加到了 455 个，增加了 17.5 倍。特别地，在 2016 年 6 月蒙古国与日本之间的 RTA 通知生效之后，所有 WTO 成员都至少参与了一项 RTA 合作。以 RTA 为代表的区域一体化对于经济全球化的长远影响学界尚无定论，该问题的核心在于，RTA 在增加区域内贸易额的同时，其产生的贸易转移效应会减少区域内 RTA 成员国与区域外 RTA 非成员国的贸易往来（Viner，1950），

[①]　本书所研究的区域贸易协定是指 WTO 定义的 "Regional Trade Agreements"，为表达简便，全书均采用 WTO 提出的简称 "RTA" 来替代 "区域贸易协定"。RTA 的具体定义见本书 1.2.1 小节。

这导致 RTA 对一个区域的整体贸易结构的影响难以估计，其对于经济全球化的影响也就难以判断。因此在分析一个 RTA 对一国贸易带来的影响时，必须区分贸易创造和贸易转移，才能得出对 RTA 所产生影响的全面评估。

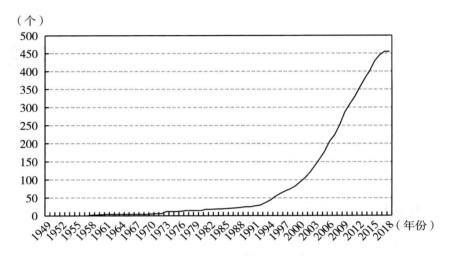

图 1-1 全球 RTA 数量的历史增长

注：WTO 对商品贸易和服务贸易的 RTA 进行了分别定义，因此得出的 RTA 数量会比合并定义下 RTA 的数量多一些，但其增加趋势都是一致的。最后检索日为 2018 年 2 月 9 日。

资料来源：联合国区域贸易协定网站。

分析单个 RTA 的贸易效应是相对容易的，然而当一个地区存在大量 RTA 时，其对参与方与非参与方产生的贸易转移效应会相互交织，将会对贸易效应的识别与测算分析产生极大挑战。一个 RTA 的参与方可能是另一个 RTA 的非参与方，那么这时单独去分析某一个 RTA 带来的贸易效应将会产生片面甚至错误的结论。这种"意大利面条碗"现象（Bhagwati，2002）在中国所处的东亚地区格外明显。截至 2018 年 2 月 9 日，东亚地区发布的 RTA 共有 82 个，是除欧洲之外全球 RTA 最为密集的地区。引力模型是分析 RTA 的这两种贸易效应的主流方法之一，其简练的模型形式有利于同时分析多个 RTA 带来的多边影响（苏庆义，2022）。然而，当 RTA 涉及多个国家时，引力模型中不可解析的多边阻力变量会给 RTA 多边贸易效应的测算与预测分析带来极大困难。那么，如何打开多边阻力变量这个"黑箱",把 RTA 带来的多边影响以解析变量的形式纳入引力模型分析框架,并在此基础上提出更为完善的 RTA 多边效应测算与预测方法,这对于我国乃至世界各国正在积极参与区域贸易合作进程的当前,无疑兼具理论价值与实践价值。

1.1.2 研究意义

研究 RTA 的多边贸易效应至少具有以下两个方面的重要意义:

(1)细化多边贸易效应传导过程,提高对 RTA 影响的全面认识。按照经典的多边阻力引力模型(Anderson & van Wincoop,2003),RTA 通过参与方双边贸易成本改变贸易流的渠道是清楚的,但对于通过多边阻力变量产生的贸易转移效应的影响,难以通过一个解析函数进行求解与比较静态分析,因此难以在一个多国模型中全面认识 RTA 对于一国的全部影响。如东亚地区,考虑到复杂的 RTA 现状,该区域国家面临的"多边阻力变量"的构成也将是复杂的,那么去分析新增 RTA 对于区域贸易结构的影响就要面临上述困难。本书通过一系列包含可解析多边阻力变量的多国引力模型构建,可以从多边阻力这一视角更全面地讨论 RTA 产生后对各国对外经济的影响方式与因素,从而能够指导中国下一阶段的对外合作方式与路径,最终提高区域合作政策的有效性。

(2)探索评估 RTA 影响的政策模拟研究方法,该方法保持了事前事后分析的模型一致性。由于 RTA 通过贸易成本对贸易产生影响,而引力模型正是将贸易成本与参与方经济规模作为主要解释变量,因此引力模型是分析 RTA 贸易效应的主流模型(姚树洁等,2014)。然而引力模型方法的缺陷在于微观理论基础的缺乏,这一点导致了引力模型形式更多时候是被主观设定出来(McCallum,1995;Helpman,1987;Boucekkine et al.,2009),这也产生了引力模型计量方法评估 RTA 的事前理论分析和事后经验数据验证的模型不一致问题。本书通过一组纳入多边阻力变量的引力模型,直接求出了 RTA 影响双边贸易额的一组稍加变形就可供计量分析和模拟预测的引力方程。一方面,这直接验证了理论模型的合理性；另一方面，其估计出的参数也直接对应于理论模型中具有经济学意义的参变量，这将提高采用引力模型方法评估 RTA 多边效果的准确性和可解读性。

1.2 概念界定与研究内容

1.2.1 核心概念界定

在展开对区域贸易协定的多边贸易效应的研究之前，首先界定清楚几个相关的概念。

1. 区域贸易协定（RTA）

本书的区域贸易协定（RTA）采用 WTO 的"Regional Trade Agreements"定义，认为 RTA 是指两个或两个以上的国家或地区签署的互惠贸易协定（Reciprocal Preferential Trade Agreements）。具体而言，WTO 定义下的 RTA 包含了关税同盟（Customs Union，CU）、区域一体化协定（Economic Integration Agreement，EIA）、自由贸易协定（Free Trade Agreement，FTA）、部分范围协定（Partial Scope Agreement，PSA）四种基本类型，以及区域一体化协定和其他三种类型的组合形式（FTA & EIA；PSA & EIA；CU & EIA）。当前，WTO 所统计的上述四类基本类型的 RTA 数量如表 1 – 1 所示。

表 1 – 1　　　　　　　　WTO 按照协定类型的数目统计的 RTA

RTA 的分类	授权条款	GATT 第 5 条	GATT 第 24 条	总计
关税同盟（CU）	8		10	18
关税同盟准入	2		10	12
区域一体化协定（EIA）		144		144
区域一体化协定准入		7		7

RTA 的分类	授权条款	GATT 第 5 条	GATT 第 24 条	总计
自由贸易协定（FTA）	15		232	247
自由贸易协定准入	1		3	4
部分范围协定（PSA）	21			21
部分范围协定准入	2			2
总计	49	151	255	455

注：最后检索日为 2018 年 2 月 9 日。
资料来源：联合国区域贸易协定网站。

可见，其中 FTA 和 EIA 占据当前 RTA 主要部分，由于本书的一般均衡分析中这几类 RTA 对于贸易成本的影响都是类似的，在模型中不予区分。仅重点分析 RTA 这个整体类型通过贸易成本带来的不同贸易效应。由于 RTA 一般会包含削减关税、弱化非关税壁垒、投资便利化等措施，根据本节后一部分对贸易成本的定义，RTA 的产生将降低参与方之间的贸易成本，进而影响整个区域的贸易格局，对不同国家或地区（RTA 的参与方和非参与方）产生不同的贸易效应。

2. 贸易创造效应和贸易转移效应

贸易创造和贸易转移的经典定义来自维纳（Viner，1950）的《关税同盟问题》（*The Customs Union Issue*）一书。后来的学者基于贸易理论和现实的变化，对其进行了发展，但并没有脱离基本概念。维纳（1950）在国家间初始关税相等的假设下，针对 RTA 导致两国关税税率减少的情形，考虑不同国家间的出口商品价格变化，对 RTA 产生的贸易创造和贸易转移进行了概念界定①。以双边 RTA 为例，假设 A 国与 B 国形成了 RTA，双边关税减少：一方面，A 国有一部分商品之前进口税很高，在形

---

① There will be commodities, however, which one of the members of the customs union will now newly import from the other but which it formerly did not import at all because the price of the protected domestic product was lower than the price at any foreign source plus the duty. . . There will be other commodities which one of the members of customs union will now newly import from the other whereas before the customs union it imported from a third country, because that was the cheapest possible source of supply even after payment of duty. . . (*The Customs Union Issue*：53 – 54).

成 RTA 之前没有任何进口，在形成 RTA 之后，B 国的商品价格加上进口税已经低于 A 国的国内价格，此时 A 国会从 B 国进口这类商品，这就是两国形成 RTA 后产生的贸易创造效应。另一方面，还有一部分商品，其在 C 国的价格加上进口税低于 A 国的国内价格（而 B 国的价格加上形成 RTA 前的进口税高于这个价格），A 国一直从 C 国进口该类商品，当 A 国和 B 国形成 RTA 后，B 国的价格加上新的进口税低于 C 国价格加进口税，此时 A 国将不再从 C 国进口该类商品，而是转向从 B 国进口，这就是两国形成 RTA 后产生的贸易转移效应。也就是说，RTA 的形成将产生双边之外的多边效应，同时影响 RTA 的参与方与非参与方的对外贸易。RTA 所产生的贸易创造效应和贸易转移效应均表现为 RTA 参与方之间的贸易额的增加，但贸易创造效应是指 RTA 参与方厂商对本国销售下降所带来的 RTA 参与方之间的贸易额增加；而贸易转移效应是指 RTA 的参与方与非参与方之间的贸易额下降所带来的 RTA 参与方之间的贸易额增加。实际上，在一个存在多个 RTA 的地区，去准确界定贸易效应是十分困难的，这也是本书的努力方向。

3. 贸易成本

　　贸易成本是指跨国家贸易对产品的损耗。这种损耗在模型中体现为商品在跨国贸易时，其跨国贸易价格高于其在出口国的国内销售价格。由于研究过程不涉及国内贸易，本书的贸易成本和国际贸易成本含义等同。在本书中，贸易成本是代表 RTA 作用的核心变量，RTA 的出现将会降低其参与方之间的贸易成本，进而改变区域贸易结构，形成之前所述的两种贸易效应。

　　在政策模拟研究中，对双边总贸易成本直接进行测算往往是困难的，因为其构成十分复杂。安德森和温库普（2004）提出，贸易研究中的广义贸易成本额不应仅为 CIF/FOB[①] 价格差，而是消费者最终付出的价格减去厂家的单位成本，这个差值包括运输成本（资金和时间两方面）、关税

---

① CIF 为"cost insurance and freight"的缩写，FOB 为"free on board"的缩写。

壁垒、非关税壁垒、信息成本、合同执行成本、货币兑换成本、法律法规等制度成本和本地销售成本等。为了全面测算这些贸易成本的构成部分，本书在7.1小节采用了一种间接方法来获得政策模拟研究所需的贸易成本数据。

在数理模型分析中，贸易成本可以被简单抽象为单个变量，如"冰山型贸易成本（iceberg trade costs）"。"冰山型贸易成本"假设了 i 国厂商对 j 国出口销售时，每单位商品在运送过程中都会损失 τ_{ij} 的比例，进而只有（$1-\tau_{ij}$）部分的产品到达出口目的地。而厂商将通过提高销售价格来转嫁这种成本：

$$p_{ij} = \frac{p_i}{1-\tau_{ij}} \qquad (1-1)$$

在式（1-1）中，p_i 为在 i 国生产商品的本地价格，p_{ij} 为 i 国生产的用于 j 国消费者消费的单位商品价格，τ_{ij} 为 i 国出口商品到 j 国"冰山型贸易成本"。式（1-1）意味着，厂商只有将出口价格 p_{ij} 提高到本地价格 p_i 的 $\frac{1}{1-\tau_{ij}}$ 倍，才能使出口后剩余的（$1-\tau_{ij}$）部分商品获得预期的销售额。这个倍数 $\frac{1}{1-\tau_{ij}}$ 减去 1 可以表达出口价格比出口前提高了多少，即全部贸易成本折算为从价关税的效果，因此 $\frac{1}{1-\tau_{ij}} - 1 = \frac{\tau_{ij}}{1-\tau_{ij}}$ 又被称为"冰山型贸易成本的关税等价（tariff equivalent of iceberg trade costs）"（Novy，2006）。

4. 引力模型

引力模型的来源是物理学中的万有引力定律，其经典表达形式为：$F = \frac{Gm_1m_2}{r^2}$。即两个物体之间的引力和其各自的质量成正比，和两者距离的平方成反比。丁伯根（Tinbergen，1962）创造性地将这里的"物体"和国家对应起来，用国家规模代表"质量"，用国家间的贸易往来表示"引力"，并用国家间的贸易成本代表和引力反相关的"距离"。进而认为双边贸易与双方的国内生产总值正相关、与双边贸易成本反相关，并与其他一些因素有关。大量的经验研究佐证了这一关系。

早期的引力方程相关研究集中于经验研究方面，模型的设定形式主要借鉴两个物体间的万有引力公式，并没有基于现代经济学的一般均衡分析过程得出。安德森（1979）首先通过设置单部门经济得出了局部均衡下的数理引力模型形式。安德森和温库普（2003）将其扩展到一般均衡，得出了经典的数理引力模型形式。之后，大量学者也为寻找引力模型的微观基础作出努力。

由于贸易成本是 RTA 进入数理经济模型的代表变量，同时又是引力模型的核心自变量，采用引力模型分析 RTA 对不同国家贸易额带来的影响是非常方便的：RTA 将改变双边贸易成本，进而影响多边贸易流。正因如此，引力模型是分析 RTA 贸易效应的主流方法之一。但仅通过两国引力模型并不能表现出贸易创造效应之外的全部贸易转移效应，要想全面分析"意大利面条碗"情形下的 RTA 多边效应，必须采用多国引力模型。但在寻找多国引力模型的微观基础时，存在"多边阻力变量"不可解析表达的难题。本书致力于通过对经典引力模型进行扩展来解决这个问题。

5. 多边阻力变量

"多边阻力"的提法最早见于安德森和温库普（2003）的研究。该文献首次利用一个区域面临的世界市场价格来表示该区域遇到的整体贸易阻力，即"多边阻力（multilateral resistance）①"。该变量包含了全部地区的贸易成本，因而可以体现 RTA 的多边影响。

---

① ... that after controlling for size, trade between two regions is decreasing in their bilateral trade barrier relative to the average barrier of the two regions to trade with all their partners. Intuitively, the more resistant to trade with all others a region is, the more it is pushed to trade with a given bilateral partner. We will refer to the theoretically appropriate average trade barrier as "multilateral resistance" ... （见 Anderson & Wincoop，2003：170）

在该文中，"多边阻力变量"被一组隐函数决定：

$$P_j^{1-\sigma} = \sum_{i=1}^{n} \theta_i \left(\frac{t_{ij}}{P_i} \right)^{1-\sigma}, i,j = 1,2,\cdots,n \qquad (1-2)$$

其中，P_i 为 i 区域面临的多边阻力变量，t_{ij} 为 i 区域与 j 区域之间的贸易壁垒（本书的贸易成本采用希腊字母 τ_{ij}），该文献假定了双边贸易壁垒的对称性，即 $t_{ij} = t_{ji}$。θ_i 为 i 区域经济总量在整个世界中的份额，$\sigma > 1$ 为区域间产品替代弹性。可以看出，该组隐函数的确构建了双边贸易成本 t_{ij} 与多边阻力变量 P_i 的对应关系，但可惜的是这种对应关系并不能以显函数的形式表现出来。因此采用整体性的多边阻力变量的变化无法分离不同区域的双边壁垒变化对目标区域贸易额变化的影响，进而无法区分贸易转移和贸易创造。事实上，安德森和温库普（2003）也仅考虑了全部区域贸易壁垒变化时的整体情形[①]，这并不能满足本书单独分析贸易转移效应的要求。

由于贸易成本在引力模型中的核心地位，采用引力模型分析 RTA 的贸易效应的方式是非常直观的。RTA 将改变双边贸易成本，进而影响多边贸易流。但仅通过双边贸易成本并不能表现出贸易创造效应之外的贸易转移，如式（1-3）所示。

$$x_{ij} = \frac{y_i y_j}{y^w} \left(\frac{t_{ij}}{P_i P_j} \right)^{1-\sigma} \qquad (1-3)$$

式（1-3）即安德森和温库普（2003）文中的式（1-3），其中 x_{ij} 为 i 区域对 j 区域的出口，y_i、y_j、y^w 分别为两个区域与整个世界的国民收入，其他变量含义同式（1-2）。当 i 区域与 j 区域缔结 RTA 时，t_{ij} 的下降会导致 x_{ij} 上升（产品替代弹性 $\sigma > 1$）。但当 i 区域与其他区域 k 缔结 RTA 时，t_{ik} 的下降对于 x_{ij} 的影响并不能直接体现在式（1-3）中，事实上，通过式（1-2）可知，这种贸易转移效应将通过 i 区域面临的多边阻力变量 P_i 来体现。可见，分析 RTA 的贸易转移效应和对多边阻力变量进

---

① We will refer to the price indices Pi as "multilateral resistance" variables as they depend on all bilateral resistances tj, including those not directly involving i. A rise in trade barriers with all trading partners will raise the index. (Anderson & Wincoop, 2003: 176)

行关于贸易成本的比较静态分析在本质上是相同的。然而由于式（1-2）不可解，这使得对于引力模型框架下的 RTA 贸易转移效应分析非常困难，这也就是国际贸易理论研究领域的"多边阻力之谜"。

6. 异质性企业假设

经典的异质性企业假设形式来自梅里兹（Melitz，2003）对于企业生产行为的刻画。该假设强调了一个经济体内部的单个企业之间的生产技术差异，而非经济体之间宏观层面的技术差异，后者往往由不同经济体内部的代表性企业生产技术来表现。

在该文中，异质性企业假设体现于企业生产率代表变量，具体见单个企业的劳动使用方程：

$$l = f + \frac{q}{\varphi} \tag{1-4}$$

式（1-4）决定了单个企业在产量 q 下的劳动使用量 l。所有的企业承担相同的固定成本 f，但生产率水平 φ 并非每个企业都相同，而是满足一定分布函数的随机变量。因此，整个模型中的企业之间的生产率水平将是"异质的"，这样的模型设置被称为"异质性企业假设"。

该文为了便于叙述，将"高生产率"等同于生产同类型产品的"边际成本较低"。值得注意的是，高生产率也可以被认为是在相等成本时生产的产品类型的质量更高。考虑到该论文中产品的分类形式，上述两种生产率的建模方式是相同的。

在该文中，一个生产率更高的企业规模更大（产出和收入更多），同时价格更低，这将产生比低生产率企业更高的利润。因此，虽然企业之间的模型设置只存在生产率上的差异，但这种"异质性"可以体现在企业的重要绩效变量上面。同时，整个模型只有这一组变量是随机变量，并没有给求解一般均衡增加很大的难度。异质性企业假设是一种在贸易理论建模中考虑微观企业行为的常见处理方法，本书在第 6 章也采用了这个假设形式，以观察多边贸易效应在企业层面的微观影响。

1.2.2 研究内容

本书的研究主题为 RTA 对区域内不同国家的多边贸易影响，围绕这一主题，主要研究内容如下：

首先，构建 RTA 影响多国贸易流的引力模型分析框架。从概念框架、逻辑框架和数理框架等方面建立一个基于引力模型的 RTA 影响多国贸易的研究体系，在这一体系下对 RTA 所产生的多边影响的不同种类渠道进行分析。

其次，就经典多边阻力变量不存在解析解的问题，扩展了经典多边阻力引力模型，分别提出了采用总出口和加权多边成本来捕捉多边阻力变量的两个代表性企业模型。并就单边与多边 RTA 的不同情况，分析了对于参与方与非参与方的贸易影响。

再次，考虑一国国内企业生产率存在差异的情形，构建了异质性企业引力模型，以分析 RTA 对于一国的贸易流与贸易环境的影响。该模型结果扩展了代表性企业引力模型的观点，通过截断成本这个关键变量，对于 RTA 对一国对外经济的整体影响有了更全面的认识。

最后，校准后的多边阻力引力模型为模拟分析 RTA 的未来影响提供了一个新的模型方法。并结合中国下一阶段参与的 RCEP 合作框架，对区域贸易合作产生的多边影响进行了多个层面的数值模拟与分析。

1.3 研究方法与研究框架

1.3.1 研究方法

在研究方法选择上，本书注重理论分析与实践应用相结合，定性分析与定量分析相统一，数理分析与模拟分析相匹配。

1. 理论分析与实践应用相结合

在研究过程中，本书特别注重理论分析与实践应用的结合。对于理论部分的数理模型推导所得出的关键命题，在第 7 章的定量模拟分析中通过现实数据进行了检验。在理论分析的基础上，对未来中国与亚太区域的合作实践进行了基于一般均衡模型的模拟预测分析，整个研究过程遵循理论与实践密切结合的方法。

2. 定性分析与定量分析相统一

定性分析与定量分析相统一是本书研究方法的又一特点。定性分析的作用在于从经济理论和经济直觉角度揭示变量之间相互关联的内在机理，定量分析的作用则在于为定性分析的结论提供科学严谨的推导与佐证。第 3 章中构建了全书分析框架，包括概念框架、逻辑框架和数理框架，奠定了全书将定性分析与定量分析相统一的基础。第 4 章～第 6 章的理论分析将经典文献和不同学派对各种情形下 RTA 的多边影响机制进行了定性分析，并采用一般均衡模型对定性分析的结论进行逻辑推导和论证，提出相应的命题与假说。最后在第 7 章基于中国参与 RTA 的数据，对理论分析的命题进行了数值模拟分析，研究过程中遵循了定性分析与定量分析相统一的原则和方法。

3. 数理分析与模拟分析相匹配

这两种分析方法在经济学研究中相辅相成，前者提出的比较静态分析结果支持模拟分析，后者以更为灵活和链接实际数据的形式展现（并延伸）前者的核心结论。本书第 3 章对于 RTA 的多边影响渠道进行了一般机理分析，并在第 4 章～第 6 章加入各种特定约束后扩展了 RTA 的具体多边影响方式，对模型集中进行了数理分析，之后在第 7 章结合经验数据在多种政策情境下进行了数值模拟分析，体现了两种方法的结合。

1.3.2　研究框架

本书研究过程按照以下结构布局展开：

第1章是绪论，首先阐述选题背景和研究意义，进而基于核心概念界定，指出本书主要研究内容、研究中所涉及的方法与研究框架，最后说明创新之处。

第2章是文献综述。对国内外有关区域贸易合作的研究文献以及引力模型方法在其中的运用进行梳理并评述，指出本书的研究方向。

第3章是RTA多边贸易效应的引力模型分析框架。以引力模型为基础，构建分析区域经济合作贸易效应的多边引力模型框架。分别从引力模型的数理形态发展、多边阻力变量的引入及其与RTA贸易效应的联系三个层面递进分析，初步构建一个纳入多边影响的基准模型，进行RTA贸易效应的一般性分析。并提出了解决多边阻力难题的思路。

第4章是基于总出口多边阻力变量的RTA多边效应分析。构建了以总出口为多边阻力变量的多边引力模型，并在其基础上，重点分析RTA通过一国贸易成本以及一国总出口对区域贸易结构的影响方式。

第5章是基于世界市场多边阻力变量的RTA多边效应分析。构建了以世界市场为多边阻力变量的多边引力模型，并在其基础上，重点分析RTA通过影响一国贸易成本以及一国所面临的世界市场进而来影响区域贸易结构的经济学机理。

第6章是基于距离矩阵多边阻力变量的RTA多边效应分析。构建了以距离矩阵为多边阻力变量的多边引力模型，并在其基础上，重点分析RTA通过一国贸易成本以及一国所面临的距离矩阵对区域贸易结构的影响方式。

第7章是中国参与RTA的多边效应数值模拟：以RCEP为例。以之前推导的多边引力模型为基础，对中国在亚太区域正在开展的RTA将会产生的贸易效应进行模拟测算，并通过数值模拟方法分析了RTA微观层面的影响。

第 8 章是结论与展望，在各个章节研究结果的基础上归纳出本书的主要研究结论和政策内涵，同时指出本研究的不足之处与进一步的研究方向。

区域贸易协定的多边效应——以 RCEP 合作为例

2

文献综述

从区域贸易合作和贸易流的关系来看，RTA 可以通过影响贸易成本来改变区域贸易结构。这种贸易结构改变方式在 RTA 的参与方与非参与方之间存在重大差异，区域贸易合作的贸易效应也因此分为贸易创造与贸易转移两个基本方向（Viner, 1950）。本章首先围绕 RTA 所产生贸易效应的相关理论研究与经验研究进行了文献梳理。由于引力模型方法在 RTA 贸易效应经验研究中具有重要地位，本章还着重观察了通过引力模型分析 RTA 贸易效应的实证方法。当前引力模型框架下的 RTA 贸易效应研究主要集中于对局部贸易效应的计量分析，而相关理论研究在对多边阻力变量的认识及其与 RTA 贸易效应的联系上还存在发展空间，基于多边阻力引力模型的 RTA 多边贸易效应研究也就由此起步。

2.1 RTA 贸易效应的相关研究

2.1.1 贸易创造效应与贸易转移效应

维纳（1950）在《关税同盟问题》（*The Customs Union Issue*）一书中最早区分了区域贸易合作对参与方与非参与方的影响途径，即贸易创造效应和贸易转移效应。他指出贸易转移效应是指 RTA 的参与方与非参与方之间的贸易额下降所带来的 RTA 参与方之间的贸易额增加的那部分；而贸易创造效应是指 RTA 参与方厂商对本国销售下降所带来的 RTA 参与方之间的贸易额增加的那部分。但维纳在分析贸易效应之前作了部分假设，理想化了贸易效应的先决条件，即假设形成 RTA 的国家与其他国家的关税都不存在[①]。因此之后的经济学家包括利普西（Lipsey，1957）、米德（Meade，1955），约翰森（Johnson，1962）以及麦克米兰和麦克凯恩（McMillan & McCann，1981）等对维纳的分析方法不断补充和完善，引入弹性的进口需求曲线假设，并从局部均衡分析发展到一般均衡分析，由此建立了较为完整的贸易效应研究框架。如米德（1955）使用静态局部均衡的多国模型，得出了较小幅度的关税减让会增加本国福利，但是削减关税接近于零时，贸易创造效应变小，贸易转移效果相对变大，贸易自由化对一国的福利效应是不确定的。同时米德（1955）还从贸易创造效应中分离出生产效应，这方面的分析启发了有关国际经济一体化对贸易条件影响的研究。米德的研究在 RTA 理论分析中也占有重要地位，因此他改进后的分析两种经典贸易效应的方式被称为维纳—米德框架。

为使理论分析更接近现实经济环境，经济学家们通过增加更多的产品和更多的经济体以进行新古典的一般均衡分析（McMillan & McCann，1981；Riezman，1979；Lloyd，1982）。主要的研究在两个方面展开：一是假定其他产品价格不变的单一产品模型，科登（Corden，1974）假定其他所有产品的相对价格不受所分析的市场变化影响，故被分析的产品价格可被解释为其他产品价格指数有关的相对价格。但当其他产品的相对价格受单一产品影响时，根据局部均衡假设将关税同盟对某一些特定市场的影响结果简单相加，以此来确定影响所有贸易品价格的关税同盟给整个经济带来的结果，显然这种处理方法并不适当。二是多种产品模型，肯普（Kemp，1969）提出三国两产品模型，米德（Meade，1955）提出

---

① "... it will be assumed that the average level of duties on imports from outside the customs area is precisely the same for two countries, computed as it would be if they had not formed the customs union. ", *The Customs Union Issue*：52－53（Viner，1950）.

了三国三产品模型。三种产品分析法满足了对称性和一般性的要求，对关税同盟问题的探讨是一种理论与方法上的进步。然而，当研究两种以上的产品时，分析会变得异常复杂，很难对贸易创造、贸易转移以及关税同盟对各国贸易条件的影响等问题展开深入研究。这是本书的努力方向之一。

那么在存在贸易创造和贸易转移的情形下，RTA 能否导致所有国家都受益呢？对此问题，肯普和万（Kemp & Wan，1976）给出了肯定的答案。他们证明了如下的定理：当一个关税同盟成立时，可以重新设定外部关税，从而使得无论是作为关税同盟国还是其余的国家都不会受损于关税同盟的建立，而且关税同盟还可能使同盟国真正受益。尽管证明需要一些数学技巧，但这个定理背后的逻辑却很简单。由于贸易转移，C 国会受损于 A 国和 B 国之间的 RTA。但如果 A 国和 B 国在形成 RTA 之后降低它们对 C 国的关税，贸易转移就可以降低。当关税降幅足够大时，C 国对 A 国和 B 国的出口可以恢复到 RTA 之前的水平，从而使得 C 国与从前一样。来源于 A 国和 B 国之间的贸易创造则会给 RTA 成员国带来净收益。维纳的重要贡献在于他观察到 RTA 带来的贸易创造和贸易转移，而肯普和万的重要贡献则是他们证明了 RTA 存在不让任何国家（无论是参与方还是非参与方）受损的可能。

2.1.2　贸易条件效应

贸易条件效应是指因 RTA 参与方之间贸易量的扩大和与非参与方之间贸易量的缩小，国际市场上非参与方的贸易条件恶化的效应。贸易条件效应使参与方受益，但是有可能使非参与方遭受损失。维纳（1950）假设缔结 RTA 不会对贸易条件产生任何影响，但是 RTA 对贸易条件没有影响的假设，随着像欧共体这样的广域 RTA 的诞生变得脱离现实，于是开始有经济学家就 RTA 对贸易条件的影响进行研究。例如，阿恩特（Arndt，1968）利用一般均衡的三国模型，得出了如果 RTA 的参与方足够多，缔结 RTA 将会改善 RTA 参与方的贸易条件的结论。阿恩特

（1968）通过局部均衡模型分析了关税同盟的贸易条件效应，并总结了一国加入关税同盟后贸易条件变化与福利水平之间的关系。他指出在参与方及第三方的进口需求缺乏弹性的条件下，本国与参与方建立自由贸易区后的贸易条件效应不够明显，以致于不能抵消由生产和消费扭曲所造成的损失。这也可以在一定程度上解释现实中为何有些经济体成功地建立了自由贸易区，而有些经济体则对参与经济一体化组织持怀疑态度。

肯普和万（1976）分析了关税同盟的开放程度对贸易条件的影响。得出参与方与非参与方的贸易规模越大，那么关税同盟成立后来自非参与方的进口产品价格下降可能越多，从而有利于改善参与方贸易条件。但如果一个关税同盟是封闭的，那么即使参与方与非同盟参与方之间的贸易规模很大，也会由于该关税同盟的封闭而导致贸易量的剧烈缩减，从而削弱关税同盟对贸易条件的改善作用。此外，封闭性关税同盟还造成成员方内部贸易增加，因此相对于关税水平低的参与方，一些原来关税水平高的参与方的贸易条件不是改善而是恶化。

同样也有对 RTA 的贸易条件效应持积极态度的观点，科瓦尔奇克和旺纳科特（Kowalczyk & Wonnacott，1992）认为由于贸易条件效应的存在，成员方在贸易转移型的区域一体化组织中也可能获得福利改善。蒙代尔（Mundell，1964）认为，如果关税同盟的建立不影响对世界其余地区的进口需求，同盟的贸易条件将不受影响，即便世界其余地区的供给并不是完全弹性的。否则，同盟成员与世界其余地区的贸易条件将趋于改善，进而减少贸易转移所带来的损失，而且如果进口产品的价格下降到足够的程度，该效应将足以完全消除这种损失。自贸区由于可能存在间接的贸易偏转，贸易条件效应的影响方向不确定，当间接贸易偏转很大时，自贸区的贸易条件很可能会恶化。罗布森（Robson，1983）将关税同盟理论应用到自由贸易区中，对自贸区的福利效应进行了分析，认为自由贸易区的建立改变了成员方的贸易流向，从而影响了成员方的福利，自由贸易区的原产地规则防止了这种现象的出现。

2.1.3 产品内贸易效应与投资效应

1. RTA 对离岸生产的影响

国际贸易的发展有两个重要特征：第一，中间产品的贸易越来越重要。中间产品贸易的增长速度要快于最终产品。这一现象是与离岸生产活动的增加紧紧相关的。第二，差异化产品的贸易在不断增加。近期关注差异化产品贸易的文献为分析这个议题提供了一个很好的框架。其中，安特拉斯和施泰格（Antras & Staiger，2010）研究离岸生产的存在如何影响 RTA 以及 RTA 如何影响离岸生产。为研究这些议题，他们构建了一个两国（H 和 F）模型。一种最终产品由 H 国生产，所有的中间产品都从 F 国进口。每一个 H 国企业都和一个 F 国企业配对，他们在生产特定的投入品上签订不完备的合约。在生产完成之后，两个企业对价格进行谈判。显然，这里存在常见的"敲竹杠"问题。假设两国形成 RTA，在自由贸易均衡下，因为存在"敲竹杠"问题，投入品的贸易量会被无效率地降低。安特拉斯和施泰格找到了一个次优的贸易政策：允许最终产品的自由贸易，补贴投入品的进口。这一政策能解决"敲竹杠"问题，并使投入品的贸易量变得有效率。然而，因为 H 国的厂商和 F 国的投入品供应商要分享剩余，H 国不可能单独解决国际间的敲竹杠问题。H 国政府有单方面的动力去干预投入品和最终品市场，而 F 国政府有动力去对投入品出口征税。这一冲突给了贸易协定发挥作用的空间。如上所示，投入品的自由贸易不是最优的，但仅限于投入品的贸易协定无法取得完全的效率，这是因为最终产品市场仍然扭曲。这项研究的一个重要启示是，离岸生产的兴起可能使得贸易协定的任务更为复杂，贸易协定需要扩展到更宽的政策层面。

2. RTA 对 FDI 的影响

安特拉斯和福莱伊（Antras & Foley，2010）利用扩展了的格罗斯曼和赫尔普曼（Grossman & Helpman，2004）的模型来研究 RTA 对出口和 FDI 选择的影响。他们先从分析中得到一些理论预测，然后利用美国在东盟国家的 FDI 来检验这些预测。在他们的模型中有三个国家，西方、南方和东方。所有异质性的企业都在西方。企业可以在南方和东方同时进行 FDI，也可以只在一个国家有 FDI 而且将其用作出口平台来出口到另一国家。东方和南方的区别是，前者有一个比后者更大的市场。他们主要分析东方与南方建立 RTA 的影响。为此，他们首先求出建立 RTA 之前东方和南方之间的均衡，然后分析建立 RTA 之后的均衡是如何变化的。在建立 RTA 之后，因为东方和南方之间的关税取消了，出口平台 FDI 的利润线变得更陡峭，也就是说，生产效率更高的企业从 FDI 中得到的利润会上升得更快。从而他们得到如下结论：第一，东方和南方之间的 RTA 使得在这个区域内从事 FDI 的西方企业数量增加。第二，东方和南方之间的 RTA 会导致西方企业在这个区域的进入和退出。安特拉斯和福莱伊（2010）利用美国在东盟的 FDI 证实了这些预测。

2.1.4 "轮轴—辐条"效应与"意大利面条碗"现象

"轮轴—辐条"模式包括一个处于中心地位的轮轴国和多个围绕在轮轴国周围的辐条国，轮轴国与每个辐条国分别签订 RTA，辐条国之间无贸易协定。这样处于中心位置的经济体将获得更大的市场空间与收益，而处于外围的经济体获得的市场与收益则来源于中心国家，这就是区域贸易安排中的"轮轴—辐条"效应（Baldwin，1994）。罗纳德和科瓦尔奇克（Ronald & Kowalczyk，1992）以美洲为研究区域、鲍德温（Baldwin，1994）以欧洲为研究区域，分别提出并分析"轮轴—辐条"的区域一体化结构。芦泽（Ashizawa，2003）指出，国际区域经济一体化中的"轮轴"国至少可以在贸易和投资两方面获得特殊的优惠。在贸易方面，"轮轴"国的产品可以通过双边自由贸易协定进入所有"辐条"国市场，而"辐条"国的产品因受原产地规则的限制则无法相互进入；在投资方面，"轮轴"国的特殊地位会吸引包括"辐条"国在内的外部资本进入。

德尔塔斯等（Deltas et al.，2005）从要素禀赋差异出发建立了一个三个国家的模型，指出从"轮轴—辐条"模式的经济一体化到自由贸易的过程中，"轮轴"国的福利水平会下降。

巴格瓦蒂（1993）提出了"意大利面条碗"的概念。这一现象是指大量 RTA 在全球范围内的涌现。若用线将缔结区域协定的伙伴国联系起来，那么将显现出在同一地区有交错无序、盘根错节的大量线条，看起来就像一碗意大利面。"意大利面条碗"带给区域经济一体化的主要是消极影响，因为在同一经济体与不同经济体的不同一体化协定当中，由于这些不同的一体化协定所规定的原产地规则和各类优惠措施都不可能一样，因此加大了某一经济体与不同伙伴经济体之间经济贸易往来的烦琐程度，客观上制造了进关的难度和耗费的时间长度。通过分析"意大利面条碗"所反映的纷繁复杂的众多 RTA，可以观察到一些经济实力强的经济体同时也是参与区域经济一体化的活跃分子。它们与全球或某一地区的其他经济体缔结了较多的区域一体化协定，构成了"轮轴"的自贸区中心地位，呈放射状辐射自贸区伙伴国。进入 20 世纪末期，在全球和局部区域的自贸区中，"轮轴—辐条"结构开始逐渐蔓延。与欧洲和美洲相比，东亚地区由于缺乏强有力的主导国家和有主导能力的一体化组织，东亚区域主义的发展更容易形成多个"轮轴—辐条"模式相互交织的局面，使该区域内利益分配更加不平衡（东艳，2006），这将更容易出现"意大利面条碗"的情形。

2.1.5 RTA 贸易效应的实证研究

尽管维纳—米德分析框架存在一定的局限性，但是贸易创造效应和贸易转移效应分析很长时期内在 RTA 经济效应分析中占据主导地位，但是最初多是纯理论的分析。直到丁伯根（1962）将引力模型应用到国际贸易的研究中后，对贸易创造和贸易转移效应的研究才开始逐渐转向实证研究。整体而言，研究区域一体化经济效应的大部分经验研究文献除了计量经济学模型，就是可计算一般均衡模型（陈虹和杨成玉，2015）。

这两种方式分别构成了对 RTA 贸易效应进行事前估计和事后估计的主要方法。

事前估计的基础性方法是建立局部均衡模型或者一般均衡模型。一些学者通过一般均衡分析对欧盟的经济效应进行了估计。巴拉萨（Balassa，1975）利用20世纪60年代的数据，根据维纳的模型测算了缔结关税同盟后的关税削减带来的经济效应。其测算结果显示，这一经济效应在国民生产总值中所占比例仅为 0.07%，对一国福利的影响极其微小。鲍德温和维纳布尔斯（Baldwin & Venables，1995）分析了对欧洲单一市场的经济效应。由以一般均衡分析为基础发展而来的可计算一般均衡模型（CGE）使用较为广泛。目前，基于 CGE 模型开发的全球贸易分析模型（GTAP）是在国际区域经济一体化组织的贸易效应研究中使用最为广泛的工具。

事后估计的目的是测算国际区域经济一体化组织成立后的经济效应，主要方法是贸易引力模型。用引力模型分析国际区域经济一体化的贸易流量需要依靠 RTA 虚拟变量，丁伯根（1962）首先用引力模型对贸易创造与贸易转移视线拟合。艾特肯（Aitken，1973）利用引力模型考察了欧洲经济共同体与欧洲自由贸易联盟的贸易创造与贸易转移效应。弗兰克尔和魏（Frankel & Wei，1993）通过在引力模型中引入一个拟合经济一体化组织成员方内部贸易的虚拟变量，来考察经济一体化组织对成员方贸易流量的影响，如果该变量的系数为正，且在统计上显著，那么就证明该经济一体化是贸易创造型的。也有学者使用两个虚拟变量（Frankel & Wei，1993；Hamilton & Winters，1992；Hassan，2001），他们的主要思路是用一个虚拟变量拟合国际区域经济一体化成员方的内部贸易，用另一个虚拟变量拟合国际区域经济一体化成员方的外部交易。如果第一个变量的系数显著为正，那么可以认为国际区域经济一体化组织出现了贸易创造；如果第二个变量的系数显著为负，则经济一体化组织出现了贸易转移，这两个系数的和给出了国际区域经济一体化组织对贸易流量的净冲击效应。

有关贸易条件的实证研究成果较少。有代表性的是温特斯和常

（Winters & Chang，2000）分析了西班牙加入欧盟后，RTA 参与方与区外非参与方之间在伯特兰德垄断竞争模型下的贸易条件效应。而常和温特斯（2002）则在相同前提下研究了巴西加入南方共同市场后的贸易条件效应，两者的研究结论均表明国际区域经济一体化组织以外的经济体的贸易条件恶化了。

有关肯普—万定理的部分预测也得到数据的检验。其中，艾格和拉齐（Egger & Larch，2008）检验并证实了下列预测：（1）RTA 的存在加强了他国加入已有 RTA 的动力（相互依赖和 RTA 扩大化）；（2）RTA 的存在加强了相继成立新的 RTA 的动力（相互依赖和新 RTA 成立）；（3）尽管现存的 RTA 影响新 RTA 成员的决策，高贸易成本会减弱这种影响（相互依赖和双边距离）。常和温特斯（2002）检验了 RTA 对外部者的贸易条件的影响。他们分析了从外部者（美国、日本、德国等）到巴西的外部价格，巴西是南方共同市场（MERCOSUR）里面最大的市场，MERCOSUR 是一个包含巴西、阿根廷、智利、乌拉圭和巴拉圭在内的关税同盟。常和温特斯（2002）发现，由于巴西关税变化的直接影响以及巴西和阿根廷之间零关税的间接影响，外部价格会发生变化。他们还发现，非成员国的贸易条件会恶化，直接影响小于间接影响。直接影响主要与 MERCOSUR 的大小有关，而间接影响主要是贸易转移的结果。

大量国内学者也对中国的 RTA 贸易效应相关问题进行了分析，其中包括整体性比较与策略研究，也包括对我国的某个 RTA 进行的具体研究。李荣林和赵滨元（2012）就对中国当前参与自由贸易协定的贸易效应进行了比较分析。张焦伟（2009）和刘岩（2013）则分别对我国当前与未来的自由贸易协定伙伴国的选择策略进行了研究。李春顶等（2018）就中国大型区域贸易协定谈判问题及其潜在影响进行了模拟分析。李海莲和韦薇（2016）重点观察了中国贸易协定中的原产地规则限制指数及其贸易效应。徐芬和刘宏曼（2017）基于系统矩估计的进口需求模型重点测度了中国农产品进口的自贸区贸易效应。曹宏苓（2005）尝试采用一般均衡分析方法来分析中国的自由贸易区政策对其成员带来的贸易效应。原瑞玲（2014）则重点研究了对中国 FTA 的农产品贸易效应的测度方法问题。

具体地，赵亮和陈淑梅（2015）、杜威剑和李梦洁（2015）、陈硕颖和张唯劼（2008）、王丽华（2012）、匡增杰（2014）、胡俊芳（2005）和魏巍（2008）对中国、日本、韩国三国之间的自由贸易区建立及其贸易效应问题进行了重点研究。原瑞玲和田志宏（2014）、余振等（2013）、赵金龙和赵明哲（2015）、史智宇（2004）和徐婧（2008）重点对于中国—东盟自由贸易区对地区贸易结构带来的影响进行了分析。姬艳洁和董秘刚（2012）、王士权（2016）、孟灵玥（2016）、钱进和王庭东（2017）对中国在环太平洋地区可能的贸易合作及其相关效应进行了研究。韩剑和庞植文（2017）研究了中国—加拿大建立自贸区的贸易潜力和福利效应。程中海和袁凯彬（2017）则对中国—欧亚经济联盟 FTA 的经贸效应进了模拟分析。

2.2 引力模型框架下的 RTA 贸易效应研究

引力模型将贸易成本与国家经济规模作为主要解释变量，具有较强的现实解释能力，因此常被用于分析 RTA 带来的贸易效应，是国际贸易实证研究的主流模型（姚树洁等，2014）。本书也试图通过引力模型来分析 RTA 的多边贸易效应。

2.2.1 引力模型的概念起源与演进

在物理学中，引力方程是牛顿在 17 世纪提出的力学规律之一，而在经济学中，引力方程是丁伯根（1962）在 1962 年提出用来描述贸易流动规律的方程。引入到国际贸易研究领域的引力模型认为双边贸易与两地的国内生产总值、距离以及其他一些因素有关。被广泛地应用于分析关税、区域组织、边界等因素对国际贸易的影响。早期的引力方程相关研究集中于应用方面，模型的设定形式主要借鉴两个物体间的万有引力公式，并没有基于现代经济学的一般均衡分析过程得出。

麦卡勒姆（McCallum，1995）最早将引力模型用于解释国家间贸易流量与贸易成本的关系，证实了边界效应的存在。该文章所利用的实证模型将两个区域的国内生产总值、区域间的距离与边界作为自变量解释区域间的贸易。弗兰克尔和罗默（Frankel & Romer，1999）关于贸易与经济增长的研究提出了一个更全面的引力模型形式，他们将经济规模变量拆分为国土面积、劳动力数量等子变量，同时结合贸易成本对两国贸易进行实证分析，得出了解释力较强结论。布切金等（Boucekkine et al.，2009）通过微分方程的形式描述贸易与宏观变量的关系，试图在构建宏观理论的同时考虑贸易变化。他利用动态空间拉姆齐模型，将新经济地理学的核心观点和增长理论结合，并获得了理论上的成功。但遗憾的是他并未对贸易本身的影响因素进行均衡分析。罗西—汉斯伯格（Rossi-Hansberg，2003；2005）、迪斯米特和罗西—汉斯伯格（Desmet & Rossi-Hansberg，2014）关于空间发展理论卓有成效的研究工作同样采用了微分方程来描述空间连续统上的贸易现象，如式（2-1）所示。

$$\frac{\partial H_i}{\partial l} = \theta_i x_i - c_i \left(\sum_i \theta_i \hat{L}_i \right) - \kappa \mid H_i \mid \qquad (2-1)$$

其中，H_i 代表位置 i 上的某产业的剩余产品。而相邻位置之间的剩余产品差异即贸易规模，由经济规模 $\theta_i x_i$、消费 $c_i (\sum_i \theta_i \hat{L}_i)$ 和贸易成本 $\kappa \mid H_i \mid$ 共同决定。这实质上与引力模型刻画的贸易函数是一致的。通过在新经济地理学框架中嵌入这个方程，迪斯米特和罗西—汉斯伯格（2014）完成了空间一般均衡的求解。其校准后的模型很好地描述了美国过去半个世纪中的部分空间经济现象，这个模型可以表现出制造业劳动力雇佣份额的减少，服务业空间集中的增加，以及 20 世纪 90 年代中期服务业生产率的提高与地租的空间分散。以上研究说明引力模型与当前主流的宏观经济学框架并不矛盾，经过国际贸易的数千份经验研究的检验，引力模型已成为国际贸易领域中最常用的经验方程。然而，这些文章并没有通过一般均衡得出引力模型的具体形式，对于其构建的实证引力模型也没有给予过多的经济学解释。理论基础的缺乏，使得关于贸易引力模型的研究长期停滞于实证研究阶段，未能融入主流的贸易与宏观经济理论，大量学者就这一点进行了努力。

2.2.2　理论引力模型的构建与发展

引力方程理论研究始于 1979 年。安德森（1979）通过设置单部门经济的柯布—道格拉斯（Cobb-Douglas）型偏好和常替代弹性（CES）偏好，并假设一国经济在世界经济中的份额不变，得出了引力模型的简单形式（后文将这种分析方式简称为"份额分析"）。但该研究并未涉及厂商行为与要素市场，同时，其得到的引力模型并没有包含贸易成本变量，影响贸易的变量只有两国国内生产总值以及世界经济规模。这样的无摩擦、完全分工假设推导出的引力模型尽管简单、缺乏现实有效性，但它是后来很多模型的出发点。

赫尔普曼（1987）、克鲁格曼（Krugman，1980）、伯格斯特兰德（Bergstrand，1989）将引力模型的思想用于不完全竞争框架下的贸易理论，并得出了具有解释力的结果。其建立的模型中得到了代表经济规模的重力，但与之相互联系的是一国的市场结构而非贸易成本。伯格斯特兰德（1989）在 CES 偏好框架下，增加了不完全竞争的厂商行为，得出了与安德森（1979）类似的结果。迪尔多夫（Deardorff，1995）在安德森（1979）的份额分析的基础上，将其文中的世界经济份额分解为生产份额和消费份额两个层面，扩展了其研究结论。埃文内特和凯勒（2002）在安德森（1979）份额分析的基础上，对贸易产品进行了细分，得出了多产品情形下的引力模型形式。赫尔普曼和克鲁格曼（1985）比份额分析走得更远，他们将安德森（1979）关于贸易的引力理论进行了变形，将各国经济规模在世界经济中的份额本身作为内生变量，纳入规模报酬递增与不完全竞争框架下的贸易理论，得出了仅包含一方经济规模对双边贸易影响的"半引力模型"。胡梅尔斯和莱文森（Hummels & Levinsohn，1995）在赫尔普曼和克鲁格曼（1985）得出的"半引力模型"的基础上对超过 2000 对贸易数据进行了实证研究，结果很好地契合了后者提出的模型形态。类似地，格罗斯曼和赫尔普曼（1994）在宏观增长理论中纳入了距离与贸易的影响，但并未进行模型分析。

然而，垄断竞争模型并不是成功推导出引力方程的唯一模型，迪尔多夫（1995）通过 H-O 的理论框架也能够得到类似的方程形式。此外，伊顿和科尔图姆（Eaton & Kortum，2002）在考虑了生产率差异的情况下也推导出了李嘉图模型框架下的引力方程。

安德森和温库普（2003）对份额分析得出的引力模型进行了重要扩展，在 CES 偏好的基础上，通过声明贸易成本，得出了单部门经济下经典的引力模型形式。该形式的引力模型得出，两国贸易额与贸易双方经济规模、双方面对的市场价格（即多边阻力）正相关，与世界经济规模、两国间贸易成本反相关的结论，并进行了计量验证。值得注意的是，该文献中首次提出了"多边阻力"（multilateral resistance）的概念，用一个区域面临的市场价格来表示该区域遇到的整体贸易阻力①。在该文中，"多边阻力变量"被一组隐函数决定，如式（2-2）所示。

$$P_j^{1-\sigma} = \sum_{i=1}^{n} \theta_i \left(\frac{t_{ij}}{P_i} \right)^{1-\sigma}, i,j = 1,2,\cdots,n \qquad (2-2)$$

其中，P_i 为 i 区域面临的多边阻力变量，t_{ij} 为 i 区域与 j 区域之间的贸易壁垒，该文章假定了双边贸易壁垒的对称性，即 $t_{ij} = t_{ji}$，θ_i 为 i 区域经济总量在整个世界中的份额，$\sigma > 1$ 为区域间产品替代弹性。可以看出，该组隐函数的确构建了双边贸易成本 t_{ij} 与多边阻力变量 P_i 的对应关系，但可惜的是这种对应关系并不能以显函数的形式表现出来。因此采用整体性的多边阻力变量的变化无法分离不同区域的双边壁垒变化对目标区域贸易额变化的影响，进而无法区分贸易转移和贸易创造。事实上，安德森和温库普（2003）的文章也仅考虑了全部区域贸易壁垒变化时的整

---

① "... that after controlling for size, trade between two regions is decreasing in their bilateral trade barrier relative to the average barrier of the two regions to trade with all their partners. Intuitively, the more resistant to trade with all others a region is, the more it is pushed to trade with a given bilateral partner. We will refer to the theoretically appropriate average trade barrier as 'multilateral resistance'" ... (Anderson & Wincoop, 2003: 170)

体情形①，这并不能满足本书单独分析贸易转移效应的要求。该模型的另一个局限之处在于并未考虑要素市场。关于多边阻力变量的后续研究多为方法上的细化（Anderson & Yotov，2010；Hummels & Klenow，2005；Kristian，2007），并未从根本上解决上述局限，因此本书将发展上述模型中的多边阻力变量形式，但沿袭该类份额分析模型在分析贸易额时的几个重要设定（单一产业、效用函数部分特征、对称贸易成本）。

　　诺威（Novy，2006）关于引力模型理论构建的努力是截至目前较为完备的。他将消费者在产品市场和劳动力市场考虑的问题结合起来，在消费者效用函数中既包括了产品，也包括了劳动时间，这种设置保证了一般均衡分析的可行性。然而采取无截距的线性生产函数，并不满足固定成本在生产中客观存在进而产生规模报酬递增的事实。同时，该模型依旧没有考虑贸易双方之外的第三方对双边贸易的影响，因而不能全面分析贸易成本减少所导致的贸易效应。沿着这条思路比较重要的理论拓展是诺威（2010）用超对数（translog）需求函数给出的推导。CES 需求函数的特点是各种货物对贸易成本有恒定替代弹性，与之不同的是，translog 需求函数允许在各种不同货物之间有多种替代模式，利润可以是内生决定的。而由其推导出的引力方程显示，在目标国进口中占有较小份额的国家更容易受贸易成本的影响，所以，贸易成本在不同国家对中将造成不均匀的影响。

2.2.3　基于引力模型的 RTA 贸易效应分析

　　由于贸易成本在引力模型中的核心地位，采用引力模型分析 RTA 的贸易效应的方式是非常直观的：这体现在 RTA 通过双边贸易成本对双边贸易流的影响上。但仅通过双边贸易成本并不能表现出贸易创造效应之外的贸易转移，如式（2-3）所示。

---

　　① "We will refer to the price indices Pi as 'multilateral resistance' variables as they depend on all bilateral resistances tj, including those not directly involving i. A rise in trade barriers with all trading partners will raise the index." （Anderson & Wincoop，2003：176）

$$x_{ij} = \frac{y_i y_j}{y^W} \left(\frac{t_{ij}}{P_i P_j} \right)^{1-\sigma} \qquad (2-3)$$

其中，x_{ij} 为 i 区域对 j 区域的出口，y_i、y_j、y^W 分别为两个区域与整个世界的国民收入，其他变量含义同式（2-2）。当 i 区域与 j 区域缔结 RTA 时，t_{ij} 的下降会导致 x_{ij} 上升（产品替代弹性 $\sigma > 1$）。但当 i 区域与其他区域 k 缔结 RTA 时，t_{ik} 的下降对于 x_{ij} 的影响并不能直接体现在式（2-3）中，事实上，通过式（2-2）可知，这种贸易转移效应将通过 i 区域面临的多边阻力变量 P_i 进行体现。可见，分析 RTA 的贸易转移效应和对多边阻力变量进行关于贸易成本的比较静态分析在本质上是相同的。然而由于式（2-2）不可解，这使得对于引力模型框架下的 RTA 贸易转移效应的分析非常困难，即国际贸易理论研究领域的"多边阻力之谜"。

迄今为止，主要有四种方法可用于多边阻力的估计。（1）魏（Wei，1996）、沃尔夫（Wolf，2000）等使用遥远度（remoteness）来近似替代多边阻力，安德森和温库普（2003）指出这种方法缺乏理论依据，且在衡量贸易成本时只考虑地理距离，具有较大的局限性。（2）安德森和温库普（2003）使用模型中的可观测变量如地理距离、共同边界等，通过非线性最小二乘法来估计多边阻力。由于其估计过程过于复杂，尤其当样本量较大且模型中变量较多时，估计难度更大，因此，在实践中鲜有研究采用该方法。（3）芬斯切拉（Feenstra，2003）使用国家固定效应来控制多边阻力，对于面板数据，近来的一些研究常采用国家时间固定效应来控制多边阻力（Baldwin & Forslid，2010）。然而，当样本量较大时，往往需要设置大量的虚拟变量，可能导致估计结果不稳定。（4）拜尔和伯格斯特（2001）在安德森和温库普（2004）的理论框架下，对多边阻力的估计提出了一种新的方法。通过对多边阻力进行一阶对数线性泰勒展开，可以产生一个简化形式的引力方程。简化的引力方程可直接使用 OLS 估计。拜尔和伯格斯特（2001）通过近似的方法产生的结果与安德森和温库普（2003）的非线性的方法产生的结果基本一致。钱金保和才国伟（2010）开创性地通过地理加权矩阵和空间计量方法来解释安德森和温库普（2003）所提出的多边阻力变量，但依然没有解决可解析性问题。他们通过对非线性项进行泰勒展开得到了一个多边阻力的近似表达式，这对于经验研究是好的，但如果用于数理经济分析则是不严谨的。

值得注意的是，诺威（2006）开创性地将多边阻力变量通过总出口的形式表现出来，虽然仍未能解析地求出第三方贸易成本与双边贸易流的关系，但对于经验研究来说，采用总出口这个可观测的变量可以省去估计多边阻力变量方法选择的步骤。

由于存在多边阻力难题，在引力模型框架下对RTA的贸易效应进行理论分析的成果较为有限，但与引力模型框架下的众多议题类似，关于RTA贸易效应的纯经验研究的成果数量远大于理论研究。以国内学者为例，林玲和王炎（2004）建立引力模型时包含了GDP、人均GDP、距离和国土面积四个实际变量，以及"是否为发达国家""是否属于APEC"两个虚拟变量，研究了2002年中国和40个最大贸易伙伴的数据，发现人均GDP和发达国家两个变量的影响不显著，而亚太经济合作组织（APEC）对中国贸易的促进非常明显。与此类似，很多学者研究了关贸协定或区域组织对贸易的影响，包括侯明和李淑艳（2005）、高越和李荣林（2010）对APEC的研究，王铠磊（2007）、吴丹（2008）等对ASEAN的研究，郎永峰和尹翔硕（2009）、原瑞玲和田志宏（2014）对中国—东盟自由贸易区的研究。盛斌和廖明中（2004）对中国与25个发展中国家和16个发达国家的2001年贸易数据作了分析。他们在传统引力方程的基础上同时加入了共同边界、APEC和ASEAN、人均GDP差额、殖民地历史和贸易开放度几个虚拟变量。结果显示，除了双方的人均GDP差额，其他变量拟合均在1%或5%置信水平上显著。吕宏芬和郑亚莉（2013）通过经验引力模型来捕捉中国—智利自由贸易区所创造的贸易效应。程伟晶和冯帆（2014）采用不同版本的经验引力模型对中国—东盟自由贸易区的贸易效应进行了实证分析。沈铭辉和张中元（2015）将引力模型和双重差法结合起来分析了中国—韩国自由贸易区的贸易效应。陈媛媛等（2010）基于经典引力模型重点分析了自由贸易区贸易效应的影响因素。王开和靳玉英（2014）对中国自由贸易协定的贸易效应进行了基于商品技术含量分类的分行业研究。而陈淑梅和林晓凤（2018）则在全球价值链视角下分析了中国 FTA 的贸易效应。

2.3 文献评述与本书的研究目标

2.3.1 文献评述

理论研究方面，纵观 RTA 贸易效应分析的理论和发展脉络可以看出，关于贸易效应和贸易转移的基础理论形式较为一致，但在更进一步的可解析多边阻力数理模型建立与贸易效应影响因素分析上还存在较大分歧，贸易效应分析的模式也随着主流贸易理论的日臻完善而发生变化。

鉴于诺威（Novy，2006）关于引力模型理论构建的努力是截至目前较为完备的。本书首先对诺威（2006）模型进行了设定上的调整，取消对可贸易品企业和不可贸易品企业差异的设置，使模型中的代表性企业是同质的，但仍维持国际经济学中主流的垄断竞争与冰山贸易成本假设，得出了可解析的多边阻力变量。同时，其文章还提出了另一个包含可解析多边阻力项的理论引力模型与之进行比较分析。后一个模型中代表多边阻力的是包含 RTA 的参与方与非参与方在内的全部国家到所观察国家的双边贸易成本以及这些国家的经济规模，虽然这个线性组合的形式较前者而言更为复杂，但 RTA 的多边影响可以在一个一般均衡解里进行表现和分析，在应用性上优于安德森和温库普（2003）和诺威（2006）的研究。但为了可解析性，第 4 章和第 5 章的模型并未考虑一国之内的产品差异，因此本研究还特地通过引入异质性企业假设，在第 6 章构建了一个异质性企业引力模型进行扩展分析。该部分的模型基于梅里兹（2003）著名的异质性企业理论奠基性文章，采用了线性需求系统假设（Melitz & Ottaviano，2008），这将更有利于讨论企业数量和生产率在区域一体化中的影响，也将有利于获得一个包含可观察多边阻力项的引力模型形式。

经验研究方面，当前对于 RTA 贸易效应分析较为主流的方法为 CGE 方法和引力模型方法（陈虹和杨成玉，2015），本部分将对此分别进行评述。作为 RTA 贸易效应分析的主流方法之一，关于 CGE 模型的许多研究本身也提到了该模型的特征、优势与不足，本书进行了总结。首先，从研究视角来看，CGE 模型具有较强的"工具"色彩，其本身并非经济理论（徐滇庆，1993；柳青等，2016），运用 CGE 模型首先是要在几个经济学流派中作选择的，不同流派的经济学家对同一个研究对象可能构建出结果完全不同的 CGE 模型。从研究内容上看，在分析区域间的经济问题时，CGE 模型并不得力。魏巍贤（2006）指出，外部经济环境对政策变动带来的冲击存在应变性，从而减缓或抵消政策变动的冲击。外部经济的这种应变性使 CGE 模型结果对政策变动效应预测的精确性大打折扣。其次，从参数确定来看，基于 SAM 表的参数确定方法暗含了基年均衡假设。即，纳入 SAM 中作为 CGE 模型数据基础那一年的各方面经济数值应该是"正常"的。如果基年的经济本身就是不稳定的，基年的选择将影响模型的稳健性。而使用其他方法确立参数也面临着类似的问题，如采用计量估计或借鉴前人数据（Harrison et al.，1992；Abdelkhalek et al.，1998；Abler et al.，1999）。最后，上述稳健性问题还体现在 CGE 模型的闭合条件确定上，德卡卢韦和马滕斯（Decaluwe & Martens，1987）证明了按一般均衡理论建立的 CGE 模型必然存在过度识别的问题：方程数大于变量数则必然导致过度识别。因此，只有破坏均衡条件才能保证系统的均衡和解的唯一性。这就产生了 CGE 模型独特的闭合问题：破坏哪些均衡条件来保证模型存在唯一解？不同经济学流派的闭合方式产生的 CGE 模型的结果是不同甚至有可能是完全相反的。例如弗兰克和彼得（Frank & Peter，1989）在构建的马来西亚 CGE 模型中对新古典闭合与凯恩斯闭合下需求与供给变化对区域经济产生的冲击进行比较，就得出了截然不同的结果。石季辉等（2011）在构建中国财政民生支出的 CGE 模型时也发现，在 45 种闭合条件下居民收入变化的模拟结果只有一部分和实际经济状况相符。

作为 RTA 贸易效应分析的另一种主流方法，引力模型和 CGE 模型类似，也是更多用于实证研究。但引力模型的微观基础在近年来得到了长足发展，如章节2.2.2所述，大量学者已经在不同贸易流派的假设下通过一般均衡方法得出了引力方程。这对于分析RTA的双边效应是足够的，但如果涉足RTA的多边效应研究，尤其是考虑多边贸易转移效应时，不可避免的问题是关于多边阻力变量的求解和赋值问题。这导致了大量引力模型框架下的多边问题研究都只能主观地设定计量模型形式，而无法从一个现代经济学数理框架中得出一组均衡关系，并基于这个均衡状态下的关系进行事前事后相一致的实证研究。诺威（2006）在一般均衡分析中将多边阻力变量以总出口的形式表现，但并未对总出口本身和RTA之间的影响关系进行数学推导和论证，这只是将多边阻力变量从一个"黑箱"挪入了另一个"黑箱"。虽然解决了多边阻力变量的估计问题，但无法在一个存在多个RTA的区域中去分析和预测某一个RTA对其参与方与非参与方所产生的多边影响。这不仅导致了引力模型框架下的纯计量分析的结果难以阐释其经济学含义，也使得学者在预测新产生RTA的影响时缺乏一个可通过计量检验又存在微观基础的模型框架。本文同样致力于克服这一弊端，在经验研究中纳入结构可解析的多边阻力变量，使得数值模拟结果能够体现RTA的多边影响。

2.3.2 本书的研究目标

有鉴于现有文献的不足之处，本书将从以下方面展开研究：

首先，构建基于多国引力模型的RTA贸易效应分析框架，在这一体系下对RTA多边贸易效应进行理论分析。并针对当前多国引力模型存在的多边阻力难题，提出了解决思路，即后文的一般均衡多国引力模型的构建基础。

其次，通过对安德森和温库普（2003）经典模型进行扩展，将多边阻力变量用解析式表达，构建了采用总出口和加权多边成本来捕捉多边阻力变量的两个代表性企业模型。与诺威（2006）的总出口引力模型不同，本书将不同类型RTA对参与方与非参与方的总出口以及加权多边成本进行了充分的比较静态分析与讨论。

再次，引入异质性企业假设，将多边阻力变量和 RTA 的相互影响关系透过企业层面来观察，构建了异质性企业多边引力模型。与之前的代表性企业多边引力模型相互补充，更全面地讨论 RTA 的宏观影响与微观影响。在这里，被 RTA 影响的双边壁垒与多边阻力变量将改变一国企业面临的截断成本，进而改变该国面临的贸易环境，这对于传统贸易效应分析是一个重要补充。

最后，结合中国的数据，对多边引力模型进行参数校准，为模拟分析 RTA 的未来影响提供了一个新的模型方法。之后结合中国下一阶段开展 RTA 的亚太战略方向，对中国未来不同区域贸易合作产生的多边影响进行了多层次数值模拟与分析。

3

RTA多边贸易效应的
引力模型分析框架

随着近年来区域合作组织的大量出现，基于引力模型的贸易效应实证研究也在迅速增加，学术界普遍意识到需要为计量引力模型寻找适用于分析区域贸易合作的理论基础，基于引力模型框架的 RTA 贸易效应研究也就应运而生。本章将结合当前有关引力模型微观基础的重要研究进展以及 RTA 贸易效应问题的典型特征，分别从基本分析逻辑、分析形式以及多国引力模型的构建思路出发，提出一个基于引力模型的 RTA 贸易效应分析框架。

3.1 引力模型在 RTA 贸易效应分析中的优势

3.1.1 RTA 贸易效应的经典分析形式

对于 RTA（包括关税同盟）的贸易效应最早的分析来自维纳（1950）的《关税同盟问题》（*The Customs Union Issue*）一书，该书在国家间初始关税相等的假设下，针对 RTA 导致两国关税税率减少的情形，考虑不同国家间的出口商品价格变化，进而对 RTA 产生的贸易创造和贸易转移进行定义。具体地，该书对贸易转移效应和贸易创造效应是通过"两类产品"进行定义的。①

　　具体而言，假设 A 国与 B 国形成了 RTA，双边关税减少，维纳指出：一方面，A 国有一部分商品之前进口税很高，在形成 RTA 之前没有任何进口，在形成 RTA 之后，B 国的商品价格加上进口税已经低于 A 国的国内价格，此时 A 国会从 B 国进口这类商品，这就是两国形成 RTA 后产生的贸易创造效应。另一方面，还有一部分商品，C 国的价格加上进口税低于 A 国的国内价格（而 B 国的价格加上形成 RTA 前的进口税高于这个价格），A 国一直从 C 国进口该类商品，当 A 国和 B 国形成 RTA 后，B 国的价格加上新的进口税低于 C 国价格加进口税，此时 A 国将不再从 C 国进口该类商品，而是转向从 B 国进口，这就是两国形成 RTA 后产生的贸易转移效应。也就是说，RTA 的形成将产生两种效应：导致东道国与 RTA 参与方贸易额净增加的贸易创造效应、导致东道国与 RTA 非参与方贸易减少的贸易转移效应。

　　维纳对于 RTA 贸易效应的概念规定沿用至今，但他所提出的贸易效应分析形式却由于诸多限制而被后继的研究者所扬弃。如为了分析的简便性。

　　维纳在分析贸易效应之前作了部分假设②，理想化了分析环境，即假设形成 RTA 之前一国对其他国家的关税都是相等的。但实际上，即使不存在这个理想化的假设，两种贸易效应依然存在并可以被观察，维纳提出这一假设的原因可能是为了使他后文关于贸易效应的表述更为明确易懂，但现代经济学利用的一般均衡数理模型可以在各国初始关税不同（体现在贸易距离上）的情形下分析两种贸易效应，并无因文字表述烦琐而难以理解之虞。因此，当前的 RTA 贸易效应理论分析更多基于一般均

　　① "There will be commodities, however, which one of the members of the customs union will now newly import from the other but which it formerly did not import at all because the price of the protected domestic product was lower than the price at any foreign source plus the duty... There will be other commodities which one of the members of customs union will now newly import from the other whereas before the customs union it imported from a third country, because that was the cheapest possible source of supply even after payment of duty...", *The Customs Union Issue*：53–54.（Viner, 1950）

　　② "... it will be assumed that the average level of duties on imports from outside the customs area is precisely the same for two countries, computed as it would be if they had not formed the customs union.", *The Customs Union Issue*：52–53.（Viner, 1950）

衡模型。本书将采用具备一般均衡微观基础的多国引力模型进行 RTA 多边贸易效应研究。

3.1.2 RTA 贸易效应的现代分析形式

如前所述，在首次提出 RTA 的贸易创造和贸易转移效应的文献《关税同盟问题》（*The Customs Union Issue*）中，维纳并没有采用现代经济学的一般均衡分析，而是直接就两国间形成 RTA 导致的商品价格变化进行分析。除了假设条件的苛刻，经典的贸易效应分析形式也并不利于考虑贸易效应的影响因素（通过对均衡解的比较静态分析），以及量化分析多个 RTA 并存时的贸易效应大小。事实上，维纳（1950）的分析连有限国家之间的贸易创造和贸易转移都无法精确测度。而之后的文献对其进行了发展，采用了现代经济学方法，通过微观基础对 RTA 导致的贸易成本变化以及最终贸易额的变化进行推导，这也是本书努力的方向。整体而言，贸易效应的一般均衡分析和经典文献中的分析方法存在过程上区别，如图 3-1 所示。

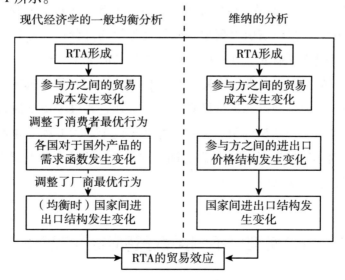

图 3-1 RTA 贸易效应的两种分析思路

资料来源：笔者根据相关文献整理所得。

值得注意的是，图 3 - 1 中对于 RTA 贸易效应的两类分析的第一步都是考虑 RTA 导致的参与方之间贸易成本的下降，但实际上 RTA 对于其参与方与非参与方的影响并不完全通过贸易成本进行。其合作协议还有可能包含资本与劳动准入放宽等涉及生产要素国际市场的条款，进而影响跨国投资和其他要素流动情况，但本书仅关注 RTA 的产生对各国贸易额的影响，即 RTA 的贸易效应。

3.1.3　基于引力模型的 RTA 贸易效应分析形式

从图 3 - 1 中还可以看出，贸易成本与贸易额是分析 RTA 贸易效应的核心变量。实际上，RTA 的贸易效应正是体现于 RTA 产生后国家间贸易成本的变化导致的国家间贸易额发生的不同方向的变化。而引力模型的核心变量正好包含了贸易成本与贸易额，这构成了引力模型在贸易效应分析中的天然优势。RTA 所导致的贸易成本变动可以体现在引力模型的自变量变化上，并最终导致引力模型因变量即国家间的贸易额的变化。

因此，对 RTA 贸易效应的分析要求引力模型具备基于一般均衡分析的理论基础。这是当前引力模型研究较为欠缺的部分：大量利用引力模型的研究都是实证研究，其对引力模型所刻画的关系首先是主观设定出来的，再根据经验数据进行检验。这是不能满足 RTA 贸易效应分析要求的，必须对引力模型形式进行微观基础的构建，通过经济学假设与一般均衡分析得出一个解析的引力方程，并基于这个引力方程（也就是一般均衡解）对不同情形下 RTA 导致的国家间贸易结构的变化及其影响因素进行分析，这是本书的主要工作。

3.2　引力模型对不同类型贸易效应的解释

如章节 2.2.1 的论述，引力模型的来源是物理学中的万有引力定律，其经典表达形式为：$F = \dfrac{Gm_1 m_2}{r^2}$。即两个物体之间的引力和其各自的质量成正比，和两者距离的平方成反比。丁伯根（1962）创造性地将这里的"物体"和国家对应起来，用国家规模代表"质量"，用国家间的贸易往来表示"引力"，并用国家间的贸易成本代表和引力反相关的"距离"。大量的经验研究证明了丁伯根的这一组类比的合理性。由于贸易成本是RTA进入数理经济模型的主要变量，采用引力模型分析RTA带来的影响是非常方便的，这体现在RTA通过双边贸易成本对双边贸易流的影响上。但仅通过双边贸易成本并不能表现出贸易创造效应之外的贸易转移，要想全面分析存在"意大利面条碗"情形下的RTA多边效应必须采用多国引力模型，这一点将通过本节的对比分析可知。

3.2.1　贸易创造效应：两国引力模型视角

引力模型的经典形式如式（3-1）所示：

$$x_{ij} = f(y_i^+, y_j^+, \tau_{ij}^-) \qquad (3-1)$$

其中，x_{ij}为i，j两国之间的贸易流，本书规定为i国对j国的出口额。而y_i，y_j分别为i，j两国的经济规模。τ_{ij}为i，j两国的贸易成本，这里规定为i国对j国的出口成本。在经典引力模型中，有$\dfrac{\partial x_{ij}}{\partial y_i} > 0$，$\dfrac{\partial x_{ij}}{\partial y_j} > 0$，$\dfrac{\partial x_{ij}}{\partial \tau_{ij}} < 0$。因此当$i$，$j$两国缔结RTA时，$\tau_{ij}$的下降将导致$x_{ij}$的上升。对于两国模型而言，$\dfrac{\partial x_{ij}}{\partial \tau_{ij}}$就代表了贸易创造效应的方向，而具体RTA导致$\tau_{ij}$下降的幅度$\Delta \tau_{ij}$将决定贸易创造效应的大小$\Delta x_{ij}$。

可见，在只考虑两国的情形下，当这两个国家缔结RTA时，其双边贸易成本会下降，即两个物体之间的距离变近了。那么根据引力模型与万有引力定律的类比关系，两国之间的"引力"即贸易额会增加，即贸易扩张。此时这种贸易额的增加完全来自维纳（1950）所定义的贸易创造效应。值得注意的是，当存在第三国时，甲乙两国缔结RTA所导致的贸易额增加将不仅来自两国各自的贸易创造效应，还可能有来自第三国的贸易转移。

3.2.2　贸易转移效应：三国引力模型视角

当考虑的范围超过两国时，上一小节对贸易效应的分析将不再全面，此时的 $\dfrac{\partial x_{ij}}{\partial \tau_{ij}}$ 也不再仅仅代表贸易创造效应的影响方向，而是贸易创造与贸易转移的叠加，即贸易扩张。此时如果要区分两类贸易效应，必须考虑双边贸易成本 τ_{ij} 对第三方贸易 x_{ik} 的影响，以此来代表来自 RTA 参与方与非参与方（也就是两国之外的其他国家）的贸易减少。只有这样才能全面评估缔约国 i 受到 RTA 的全部影响。假如仅考虑 i，j，k 三个国家，此时的式（3-1）将扩展为一组相互影响的方程，本书仍以 i 为出口方，并且只考虑 RTA 对出口方的单边影响（当考虑双边影响时式（3-2）还应纳入 τ_{jk}），则有：

$$\begin{cases} x_{ij} = f(\,y_i^{\,+}\,,\,y_j^{\,+}\,,\,\tau_{ij}^{\,-}\,,\,\tau_{ik}^{\,+}\,) \\ x_{ik} = f(\,y_i^{\,+}\,,\,y_k^{\,+}\,,\,\tau_{ik}^{\,-}\,,\,\tau_{ij}^{\,+}\,) \end{cases} \qquad (3-2)$$

当 i，j 两国缔结 RTA 时，由于 τ_{ij} 的下降，i，k 两国的相对距离增加了。即对于 i 国的出口企业来说，此时 j 国变成了更好的出口对象国，因为其截断价格（该变量的含义在第 6 章进行了更深层次的讨论）下降了。那么有 $\dfrac{\partial x_{ik}}{\partial \tau_{ij}} > 0$，对称地，也有 $\dfrac{\partial x_{ij}}{\partial \tau_{ik}} > 0$。这样，在一个三国模型里，就可以区分出 i，j 两国所缔结 RTA 带来的贸易创造和贸易转移。具体 RTA 导致 τ_{ij} 下降的幅度 $\Delta\tau_{ij}$ 将首先决定贸易总扩张的大小 Δx_{ij}（这个方向是上升）与贸易转移的大小 Δx_{ik}（这个方向是下降），那么对这两个绝对值求差即可得贸易创造的大小 $|\Delta x_{ij}| - |\Delta x_{ik}|$。

可见，当分析的区域存在多于两个国家时，其中某两个国家缔结 RTA 导致的双边贸易上升将不仅来自其自身的贸易创造效应，还来自这两国对第三国贸易额的下降，即贸易转移效应。这里仍以丁伯根（1962）

提出的类比进行描述，由于甲乙两个物体的距离变近了，其引力会增加，这还可以看作是由于这两个物体和第三个物体的距离变远了（当然，在实际空间中这样说是不严谨的，两个物体距离变近并不意味着它们与第三个物体的距离一定会变远，这取决于三个物体的相对位置。但对于国与国之间的这种"特殊距离"，此处的表述是合理的），这将导致这两个物体相互接近的阻力减少，这种阻力来自第三个物体对这两个物体的引力。因此，不像 RTA 的贸易创造效应只和"引力"相联系，RTA 带来的贸易转移效应同时和"引力"与"阻力"相联系。正是为了在引力模型的思想中区分这两者，迪尔多夫（1995）指出两个地区间的贸易不取决于两地的绝对距离，而是取决于相对距离。这种相对距离可以体现 RTA 产生后三个物体之间整体距离结构的变化，因而可以区分贸易创造和贸易转移。

3.2.3　多边贸易转移效应：多国引力模型视角

贸易转移效应的存在将使引力模型的分析变得复杂，但上一小节考虑的仅为三国情况，当考虑更多国家时，必须纳入一个可以集合全部贸易转移效应的变量才可能完整地分析 RTA 的全部效应。安德森和温库普（2003）创造性地把贸易双方之外的其他国家的全部影响集合在一个"多边阻力变量"当中，从而构建了包含多边阻力变量的多国引力模型，如式（3-3）所示。

$$x_{ij} = f(y_i^+, y_j^+, \tau_{ij}^-, P_i), i, j = 1, \cdots, n \qquad (3-3)$$

其中，$P_i = g(\tau_{i1}, \tau_{i2}, \cdots, \tau_{in})$ 为多边阻力变量，其影响方向由具体 τ_{ij} 进入函数的方式决定。一般而言有 $\dfrac{\partial x_{ij}}{\partial P_i} > 0$，即多边阻力会将两个物体"推得更近"，这也是在分析扩展到多国情形时引入多边阻力变量的理由。对比式（3-2）和式（3-3）可知，P_i 实际上集合了所有国家的贸易转移效应，因此多边阻力变量使引力模型得以全面分析 RTA 影响。如果固定 P_i 不变（不考虑 τ_{ij} 下降对 P_i 以及其他国家的多边阻力变量的影响时），RTA

导致 τ_{ij} 下降所产生的 Δx_{ij} 为剥离全部贸易转移之后的贸易创造。

值得注意的是，式（3－3）此时仍只考虑出口方面临的阻力，如果也考虑进口，则模型中应增加 P_j，就像安德森和温库普（2003）关于多边阻力变量的经典文献中所做的那样。

由于多国引力模型纳入了多边阻力变量，此时对 RTA 的多边贸易效应分析不止包含对参与方的贸易额变化的观察，还可以通过多边阻力的变动观察 RTA 非参与方的贸易额变化，即多边贸易转移的情况。当分析的区域国家数目与 RTA 数目众多时，为避免分析贸易创造与贸易转移效应的复杂性，可以通过多边阻力变量去捕捉多边贸易转移效应，这是采用引力模型分析 RTA 贸易效应的又一大优势。理论模型中的"多边阻力"概念同样可以追溯至牛顿的万有引力模型。在多个物体的情形下，影响两个物体相吸引所面临的阻力将来自剩余全部物体分别对这两个物体引力的合力，这不仅与全部物体的质量和距离有关，还与物体之间的角度有关（谢杰和刘学智，2016）。可见，这种"阻力"实质上以某种方式加总了 RTA 对参与方与非参与方的全部减少，即多边贸易转移。因此安德森和温库普（2003）称其为"多边阻力"是合适的。而"多边阻力"的存在也意味着在分析 RTA 时，如果不考虑其他地区对双边贸易的影响，其隐含假设是不同地区间的贸易相互独立，这是不符合现实的。很多经验研究认识到这样的假设太强，试图使用远离指数（remoteness indices）反映多边阻力，或使用固定效应消除它。虽然这些方法部分地缺乏理论依据，但至少说明了在分析 RTA 贸易效应时，多边阻力变量所代表的多边贸易效应不能忽视，否则理论模型将不能适用于全球经济现状。

3.2.4　贸易效应的影响因素分析：基于多国引力模型

关于贸易效应的一个重要议题是两类效应大小的具体识别与影响因素。利普西和兰开斯特（Lipsey & Lancaster，1957）认为，本国与潜在伙伴国之间的贸易比重相对非 RTA 成员国的贸易比重差距越大，越有利于贸易创造和福利增加。萨默斯（Summers，1990）也认为，RTA 区域内成员之间的贸易占 RTA 成员总贸易的比重越大，一旦达成 RTA，贸易转移效应越小。维纳布尔斯（Venables，1995）则更进一步认为，参与区域经济一体化的收益取决于成员国之间以及与非成员国之间的比较优势，比较优势高于世界平均水平的国家生产效率高，在区域经济一体化成立前后都是区域内的主要提供商，贸易模式一般不会发生较大的改变；如果低于平均水平，则进口来源可能转化，在贸易转移面前表现脆弱因而受到损失。

对于这一点，也可以通过纳入多边阻力变量的多国引力模型来观察，本书仍以最早提出多边阻力变量的安德森和温库普（2003）一文为例，该文通过局部均衡分析得出了一个典型的引力方程，即本书式（2－2）。为简化分析，这里假设国家数目非常大，因此在求导时忽略单个贸易成本 τ_{ij} 对 P_i，P_j 影响（但实际上是有影响的），对式（2－2）所表现的双边贸易额 x_{ij} 关于贸易成本 τ_{ij} 与多边阻力乘积 P_iP_j 求导可得（此处将原文用来表示贸易成本的字母 t 改为本书通用的字母 τ），有：

$$\frac{\partial x_{ij}}{\partial P_iP_j} = (\sigma - 1)P_iP_jx_{ij}, \quad \frac{\partial x_{ij}}{\partial \tau_{ij}} = \frac{(1-\sigma)x_{ij}}{\tau_{ij}}$$

如前文分析，前一个偏导数集中代表了多边贸易转移效应，而后一个偏导数代表了包含贸易创造的贸易扩张。这两个效应的绝对值均与双边贸易额 x_{ij} 本身正相关，这与利普西（1960）和萨默斯（1990）的观点相一致，即两国如果是对方的重要贸易伙伴国，其作为 RTA 参与方产生的贸易创造和 RTA 非参与方产生的贸易转移效应都会更大。而维纳布尔斯（1995）提出的比较优势与贸易替代问题，可以被 σ 的影响方向所解释：当出口国的产品不具比较优势且当贸易成本相对提高时（即进口对象国与其他国家签订了 RTA），其所生产的产品被替代的可能性就更大，那么该国就将面临更多的贸易损失，即更大的贸易转移效应。

3.3　构建多国引力模型的难点问题

根据上文分析可知，如果要对多边贸易效应进行全面分析，需要构建多国引力模型。对比图 3 - 3 和图 3 - 2 可知，在多国引力模型框架下，引入多边阻力变量对于多边贸易转移效应的分析是必要的，应当在引力模型理论分析中纳入该因素。但截至目前，包含有可解析的多边阻力变量的理论引力模型尚不多见，原因在于多边阻力变量具体形式的难以确定。规避多边阻力项的两国、三国模型尽管得出了可解析的两种贸易效应，但却忽视了对于国家数目众多、区域合作形势复杂的全球贸易现状。鉴于此，必须在构建引力模型的微观基础时考虑多边影响。对于多边阻力变量引入理论引力模型的方式，本部分仍将以安德森和温库普（2003）的工作为基础。基于不同假设的扩展板模型将在后面几章提出。

3.3.1 多国引力模型的一个简单微观基础

安德森（1979）提出了一个基于 CES 偏好的单产品模型，后续研究发展了这个模型。这里仍基于 CES 设定推导出了一个简单的模型，即安德森和温库普（2003）模型，并将其作为第 4 章至第 6 章的工作基础。由于引力模型的一个基石是不同区域产品不同，此处假设各区域仅生产一种产品，同时产品的供应是固定的。令 c_{ij} 为 j 区域消费者对 i 区域产品的消费，那么 j 区域消费者将最大化，有：

$$\left(\sum_{i=1}^{n} \beta_i^{(1-\sigma)/\sigma} c_{ij}^{(\sigma-1)/\sigma} \right)^{\sigma/(\sigma-1)} \tag{3-4}$$

并满足如下约束：

$$\sum_{i=1}^{n} c_{ij} p_{ij} = y_j \tag{3-5}$$

其中，σ 是替代弹性，β 是一个正的参数，y_j 是 j 区域的名义收入，p_{ij} 是 i 区域产品卖给 j 区域的价格，由于贸易成本的存在，各区域对各区域的价格是不一样的。实证研究的主要目标之一是鉴别出这个贸易成本，令 p_i 为出口者原始价格的话，设置 $p_{ij} = \tau_{ij} p_i$，τ_{ij} 是 i，j 两国间的贸易成本因素。假设贸易成本被出口者承担，那么每个从 i 出口到 j 的产品都会承受 $\tau_{ij} - 1$ 比例的损失，即贸易成本。出口者会将贸易成本转嫁给进口者。那么 i 对 j 出口的名义额为 $x_{ij} = p_{ij}c_{ij}$，这是出口价值 p_ic_{ij} 和转嫁贸易成本

$(\tau_{ij}-1)p_ic_{ij}$ 的总和。那么 i 区域（出口方）的总收入为 $y_i = \sum_{j=1}^{n} x_{ij}$。

根据式（3-4）和式（3-5）可以求出区域 i 的名义需求：

$$x_{ij} = \left(\frac{\beta_ip_i\tau_{ij}}{P_j}\right)^{1-\sigma} y_j \qquad (3-6)$$

其中，P_j 是进口方 j 的 CPI，也即安德森和温库普（2003）提出的多边阻力变量，其含义将在一般均衡时的引力方程中体现出来，即：

$$P_j = \left[\sum_{i=1}^{n}(\beta_ip_it_{ij})^{1-\sigma}\right]^{1/(1-\sigma)} \qquad (3-7)$$

均衡时会市场出清，即：

$$y_i = \sum_{j=1}^{n} x_{ij} = (\beta_ip_i)^{1-\sigma}\sum_{j=1}^{n}\left(\frac{\tau_{ij}}{P_j}\right)^{1-\sigma} y_j \qquad (3-8)$$

迪尔多夫（1995）运用了式（3-8）来估计引力方程，他假设原始价格为 1 并代入进口需求方程。此处用同样的方式来解出式（3-8）中 (β_ip_i) 项：

$$(\beta_ip_i)^{1-\sigma} = \frac{y_i}{\sum_{j=1}^{n}\left(\frac{\tau_{ij}}{P_j}\right)^{1-\sigma} y_j}$$

将之代入式（3-6），并定义世界名义收入 $y^W = \sum_{i=1}^{n} y_i = \sum_{j=1}^{n} y_j$、收入份额 $\theta_j = y_j/y^W$。此时有：

$$x_{ij} = y_iy_j\frac{\left(\frac{\tau_{ij}}{P_j}\right)^{1-\sigma}}{\sum_{j=1}^{n}\left(\frac{\tau_{ij}}{P_j}\right)^{1-\sigma} y_j} = \frac{y_iy_j}{y^W}\left(\frac{\tau_{ij}}{\Pi_iP_j}\right)^{1-\sigma} \qquad (3-9)$$

其中，

$$\Pi_j = \left(\sum_{j=1}^{n}\left(\frac{\tau_{ij}}{P_j}\right)^{1-\sigma}\theta_j\right)^{1/(1-\sigma)} \qquad (3-10)$$

将式（3-8）和式（3-10）代入式（3-7），有：

$$P_j = \left[\sum_{i=1}^{n}\theta_i\left(\frac{\tau_{ij}}{\Pi_i}\right)^{1-\sigma}\right]^{1/(1-\sigma)} \qquad (3-11)$$

根据式（3-10）和式（3-11），可以求出 P_j，Π_j 的解析形式。假设贸易壁垒的对称性，即 $\tau_{ij} = \tau_{ji}$，容易得出式（3-10）和式（3-11）方程组的解为：$P_j = \Pi_j$。把这个解代入式（3-11），有：

$$P_j^{1-\sigma} = \sum_{i=1}^{n} \theta_i \left(\frac{\tau_{ij}}{P_i} \right)^{1-\sigma}, j = 1, 2, \cdots, n \qquad (3-12)$$

式（3-12）意味着 P_j 是双边壁垒 τ_{ij} 和收入份额 θ_i 的隐函数。另外，将 $P_j = \Pi_j$ 代入式（3-9），有：

$$x_{ij} = \frac{y_i y_j}{y^w} \left(\frac{t_{ij}}{P_i P_j} \right)^{1-\sigma} \qquad (3-13)$$

服从于式（3-12）的式（3-13）使安德森（1979）和迪尔多夫（1995）的表述更为明确。上述过程是份额分析获得引力方程的典型过程：通过加总一个区域的需求，并考虑产品市场出清，获得两个区域的贸易流，并将双边经济规模代入即可获得引力方程。同样，这个求解思路也适用于其他引力模型的微观基础。

3.3.2　多边阻力变量的求解问题

根据具有经典引力模型形式的式（3-13），容易得出引力模型的经典命题：$\frac{\partial x_{ij}}{\partial y_i} > 0$，$\frac{\partial x_{ij}}{\partial y_j} > 0$，$\frac{\partial x_{ij}}{\partial \tau_{ij}} < 0$。但和 3.2.3 小节的分析相一致，对于 $\frac{\partial x_{ij}}{\partial \tau_{ik}}$ 即贸易转移的识别则必须通过确定多边阻力变量的式（3-12）来进行。遗憾的是，尽管式（3-13）中 P_j 对于 x_{ij} 的影响是明确的，但由于式（3-12）难以求出解析解，τ_{ik} 对于 P_j 的影响是不明确的。这产生了著名的"多边阻力难题"，即式（3-12）中 P_j 的影响因素与方向是难以识别的。

安德森和温库普（2003）提出，较大的多边阻力将使双边贸易增加。当两国双边壁垒给定时，如果进口方面临更大的多边阻力，会降低其进口产品的价格进而增加从出口国的进口，同样，面临更高多边阻力的出口者也倾向于增加双边出口。事实上，受到式（3－12）约束的多边阻力变量 P_j 事实上被所有的 τ_{ij} 所决定，也包括那些 RTA 参与方和非参与方之间的双边壁垒。多边阻力变量虽然是全部双边壁垒的函数，但其对应关系是复杂的。这一点安德森和温库普（2003）在文中隐晦地提到了[①]，他们只能在非常苛刻的情形下确定所有双边壁垒变动时将提高整个多边阻力。本书在此处将分析另一种不那么极端的情形，即三国情形下单个双边壁垒变动时多边阻力的变化，但为保证可解，只能分析一个特殊情形。

首先将式（3－12）变成隐函数的标准形式：

$$F = \sum_{i=1}^{n} \theta_i \left(\frac{\tau_{ij}}{P_i} \right)^{1-\sigma} - P_j^{1-\sigma} = 0, j = 1,2,\cdots,n \qquad (3-14)$$

这是一个方程组，因此采用隐函数方程组的求微分方法。为简化分析，考虑三个国家，即 n = 3 的情形，这已经足够分析两类贸易效应了。根据原文设定，$\tau_{ii} = 1$。此时式（3－14）可表达成更直观的形式：

$$
\begin{cases}
\theta_1 \left(\dfrac{1}{P_1} \right)^{1-\sigma} + \theta_2 \left(\dfrac{\tau_{12}}{P_2} \right)^{1-\sigma} + \theta_3 \left(\dfrac{\tau_{13}}{P_3} \right)^{1-\sigma} - P_1^{1-\sigma} = 0 \\[2mm]
\theta_1 \left(\dfrac{\tau_{12}}{P_1} \right)^{1-\sigma} + \theta_2 \left(\dfrac{1}{P_2} \right)^{1-\sigma} + \theta_3 \left(\dfrac{\tau_{23}}{P_3} \right)^{1-\sigma} - P_2^{1-\sigma} = 0 \qquad (3-15)\\[2mm]
\theta_1 \left(\dfrac{\tau_{13}}{P_1} \right)^{1-\sigma} + \theta_2 \left(\dfrac{\tau_{23}}{P_2} \right)^{1-\sigma} + \theta_3 \left(\dfrac{1}{P_3} \right)^{1-\sigma} - P_3^{1-\sigma} = 0
\end{cases}
$$

可以看出该方程组关于 P 是非线性的。不妨来观察 τ_{23} 对 P_1，P_2，P_3 的影响，式（3－14）的偏导数雅各比行列式为：

$$|\mathbf{J}| = \begin{vmatrix} (\sigma-1)(\theta_1 P_1^{\sigma-2} + P_1^{-\sigma}) & (\sigma-1)\theta_2 P_2^{\sigma-2} \tau_{12}^{1-\sigma} & (\sigma-1)\theta_3 P_3^{\sigma-2} \tau_{13}^{1-\sigma} \\ (\sigma-1)\theta_1 P_1^{\sigma-2} \tau_{12}^{1-\sigma} & (\sigma-1)(\theta_2 P_2^{\sigma-2} + P_2^{-\sigma}) & (\sigma-1)\theta_3 P_3^{\sigma-2} \tau_{23}^{1-\sigma} \\ (\sigma-1)\theta_1 P_1^{\sigma-2} \tau_{13}^{1-\sigma} & (\sigma-1)\theta_2 P_2^{\sigma-2} \tau_{23}^{1-\sigma} & (\sigma-1)(\theta_3 P_3^{\sigma-2} + P_3^{-\sigma}) \end{vmatrix}$$

简化可得：

---

① We will refer to the price indices $\{P_i\}$ as "multilateral resistance" variables as they depend on all bilateral resistances $\{t_j\}$, including those not directly involving i. A rise in trade barriers with all trading partners will raise the index. （Anderson & Wincoop，2003：176）

$$|\mathbf{J}| = (\sigma-1)^3 \begin{vmatrix} \theta_1 P_1^{\sigma-2} + P_1^{-\sigma} & \theta_2 P_2^{\sigma-2}\tau_{12}^{1-\sigma} & \theta_3 P_3^{\sigma-2}\tau_{13}^{1-\sigma} \\ \theta_1 P_1^{\sigma-2}\tau_{12}^{1-\sigma} & \theta_2 P_2^{\sigma-2} + P_2^{-\sigma} & \theta_3 P_3^{\sigma-2}\tau_{23}^{1-\sigma} \\ \theta_1 P_1^{\sigma-2}\tau_{13}^{1-\sigma} & \theta_2 P_2^{\sigma-2}\tau_{23}^{1-\sigma} & \theta_3 P_3^{\sigma-2} + P_3^{-\sigma} \end{vmatrix}$$

式（3-14）对于目标变量的偏导数向量为：

$$\frac{\partial \mathbf{F}}{\partial \tau_{23}} = - \begin{bmatrix} 0 \\ (\sigma-1)\theta_3 P_3^{\sigma-1}\tau_{23}^{-\sigma} \\ (\sigma-1)\theta_2 P_2^{\sigma-1}\tau_{23}^{-\sigma} \end{bmatrix} = -(\sigma-1) \begin{bmatrix} 0 \\ \theta_3 P_3^{\sigma-1}\tau_{23}^{-\sigma} \\ \theta_2 P_2^{\sigma-1}\tau_{23}^{-\sigma} \end{bmatrix}$$

根据隐函数方程组求偏导数的克莱默法则，有：

$$\frac{\partial P_1}{\partial \tau_{23}} = \frac{\begin{vmatrix} 0 & \theta_2 P_2^{\sigma-2}\tau_{12}^{1-\sigma} & \theta_3 P_3^{\sigma-2}\tau_{13}^{1-\sigma} \\ \theta_3 P_3^{\sigma-1}\tau_{23}^{-\sigma} & \theta_2 P_2^{\sigma-2} + P_2^{-\sigma} & \theta_3 P_3^{\sigma-2}\tau_{23}^{1-\sigma} \\ \theta_2 P_2^{\sigma-1}\tau_{23}^{-\sigma} & \theta_2 P_2^{\sigma-2}\tau_{23}^{1-\sigma} & \theta_3 P_3^{\sigma-2} + P_3^{-\sigma} \end{vmatrix}}{\begin{vmatrix} \theta_1 P_1^{\sigma-2} + P_1^{-\sigma} & \theta_2 P_2^{\sigma-2}\tau_{12}^{1-\sigma} & \theta_3 P_3^{\sigma-2}\tau_{13}^{1-\sigma} \\ \theta_1 P_1^{\sigma-2}\tau_{12}^{1-\sigma} & \theta_2 P_2^{\sigma-2} + P_2^{-\sigma} & \theta_3 P_3^{\sigma-2}\tau_{23}^{1-\sigma} \\ \theta_1 P_1^{\sigma-2}\tau_{13}^{1-\sigma} & \theta_2 P_2^{\sigma-2}\tau_{23}^{1-\sigma} & \theta_3 P_3^{\sigma-2} + P_3^{-\sigma} \end{vmatrix}}$$

$$\frac{\partial P_2}{\partial \tau_{23}} = \frac{\begin{vmatrix} \theta_1 P_1^{\sigma-2} + P_1^{-\sigma} & 0 & \theta_3 P_3^{\sigma-2}\tau_{13}^{1-\sigma} \\ \theta_1 P_1^{\sigma-2}\tau_{12}^{1-\sigma} & \theta_3 P_3^{\sigma-1}\tau_{23}^{-\sigma} & \theta_3 P_3^{\sigma-2}\tau_{23}^{1-\sigma} \\ \theta_1 P_1^{\sigma-2}t_{13}^{1-\sigma} & \theta_2 P_2^{\sigma-1}\tau_{23}^{-\sigma} & \theta_3 P_3^{\sigma-2} + P_3^{-\sigma} \end{vmatrix}}{\begin{vmatrix} \theta_1 P_1^{\sigma-2} + P_1^{-\sigma} & \theta_2 P_2^{\sigma-2}\tau_{12}^{1-\sigma} & \theta_3 P_3^{\sigma-2}\tau_{13}^{1-\sigma} \\ \theta_1 P_1^{\sigma-2}\tau_{12}^{1-\sigma} & \theta_2 P_2^{\sigma-2} + P_2^{-\sigma} & \theta_3 P_3^{\sigma-2}\tau_{23}^{1-\sigma} \\ \theta_1 P_1^{\sigma-2}\tau_{13}^{1-\sigma} & \theta_2 P_2^{\sigma-2}\tau_{23}^{1-\sigma} & \theta_3 P_3^{\sigma-2} + P_3^{-\sigma} \end{vmatrix}}$$

$$\frac{\partial P_3}{\partial \tau_{23}} = \frac{\begin{vmatrix} \theta_1 P_1^{\sigma-2} + P_1^{-\sigma} & \theta_2 P_2^{\sigma-2}\tau_{12}^{1-\sigma} & 0 \\ \theta_1 P_1^{\sigma-2}\tau_{12}^{1-\sigma} & \theta_2 P_2^{\sigma-2} + P_2^{-\sigma} & \theta_3 P_3^{\sigma-1}\tau_{23}^{-\sigma} \\ \theta_1 P_1^{\sigma-2}\tau_{13}^{1-\sigma} & \theta_2 P_2^{\sigma-2}\tau_{23}^{1-\sigma} & \theta_2 P_2^{\sigma-1}\tau_{23}^{-\sigma} \end{vmatrix}}{\begin{vmatrix} \theta_1 P_1^{\sigma-2} + P_1^{-\sigma} & \theta_2 P_2^{\sigma-2}\tau_{12}^{1-\sigma} & \theta_3 P_3^{\sigma-2}\tau_{13}^{1-\sigma} \\ \theta_1 P_1^{\sigma-2}\tau_{12}^{1-\sigma} & \theta_2 P_2^{\sigma-2} + P_2^{-\sigma} & \theta_3 P_3^{\sigma-2}\tau_{23}^{1-\sigma} \\ \theta_1 P_1^{\sigma-2}\tau_{13}^{1-\sigma} & \theta_2 P_2^{\sigma-2}\tau_{23}^{1-\sigma} & \theta_3 P_3^{\sigma-2} + P_3^{-\sigma} \end{vmatrix}}$$

由于上面三个式子解析式都过于复杂，很难分析正负号，不妨找一个特殊点来观察。令 $\theta_i = \dfrac{1}{3}$，$\sigma = 2$，$P_i = \sqrt{\dfrac{3}{2}}$，$\tau_{ij,i \neq j} = 2$，i，j $= 1$，2，$\cdots$，n。这一组数值是满足式（3–15）与安德森和温库普设定的。经计算可得：

$$\frac{\partial P_1}{\partial t_{23}} = \frac{1}{2}\sqrt{\frac{3}{2}} \times \begin{vmatrix} 0 & 1 & 1 \\ 1 & 6 & 1 \\ 1 & 1 & 6 \\ 6 & 1 & 1 \\ 1 & 6 & 1 \\ 1 & 1 & 6 \end{vmatrix} = \frac{1}{2}\sqrt{\frac{3}{2}} \times \frac{-10}{25/8} < 0$$

$$\frac{\partial P_2}{\partial t_{23}} = \frac{1}{2}\sqrt{\frac{3}{2}} \begin{vmatrix} 6 & 0 & 1 \\ 1 & 1 & 1 \\ 1 & 1 & 6 \\ 6 & 1 & 1 \\ 1 & 6 & 1 \\ 1 & 1 & 6 \end{vmatrix} = \frac{1}{2}\sqrt{\frac{3}{2}} \times \frac{30}{25/8} > 0$$

$$\frac{\partial P_3}{\partial t_{23}} = \frac{1}{2}\sqrt{\frac{3}{2}} \begin{vmatrix} 6 & 1 & 0 \\ 1 & 6 & 1 \\ 1 & 1 & 1 \\ 6 & 1 & 1 \\ 1 & 6 & 1 \\ 1 & 1 & 6 \end{vmatrix} = \frac{1}{2}\sqrt{\frac{3}{2}} \times \frac{30}{25/8} > 0$$

可见，在这个特殊点，区域2、3面临的多边阻力 P_2，P_3 与 τ_{23} 正相关，但独立区域1面临的多边阻力 P_1 和 τ_{23} 反相关。此时考虑区域2和区域3缔结RTA，这将导致 P_2，P_3 下降与 P_1 增加。根据式（3–13），P_2，P_3 的下降将导致 x_{12}，x_{13} 的下降，这将产生贸易转移效应，但同时 P_1 又存在小幅度增加，这又会导致 x_{12}，x_{13} 上升。同时，P_2，P_3 的下降还将影响 x_{23}，但一般而言 x_{23} 受 τ_{23} 的影响将会更大，因此仍会出现正的贸易扩张。

可以看出，如果不能得出 P_1，P_2，P_3 的解析形式，即使进行数值计算，RTA 导致 τ_{23} 的变动对区域内的贸易流的影响是难以清楚分析的。至少在某些状况下，采取不可解析的多边阻力变量分析贸易转移效应时是混乱的，贸易创造的影响被叠加进去了，这导致多边阻力变量无法独立分析多边贸易转移效应的方向与大小。因此，对于 RTA 的贸易效应研究而言，一个具备解析形式的多边阻力变量是重要的。

3.3.3 多边阻力难题的解决思路

如前所述，分析 RTA 的多边贸易效应需要基于现代经济学的一般均衡分析方法，才能得出更为全面的分析结论。对于经典多国引力模型中的多边阻力变量不可解析的问题，本书将对其基本假设进行修改和扩展，以期找出多边阻力变量的可解析形式，而且这个形式是基于一般均衡求解的。

具体地，本书在通过引力模型对 RTA 多边贸易效应的一般机理进行分析的基础上，引入更接近现实的模型假设，对安德森和温库普经典代表性企业模型进行两个方向的扩展，使最终解出的多边阻力变量可以用解析式表达，从而可以在多国情形下全面分析 RTA 带来的贸易创造与贸易转移。

更进一步地，本书还调整了代表性企业设定，构建了异质性企业多边引力模型。该模型微观层面的结论将与之前的代表性企业模型宏观层面的结论相互补充，从而得以更全面地讨论 RTA 的影响。

其中，第 4 章的多边阻力变量表现为总出口的形式，而第 5 章和第 6 章的多边阻力变量分别表现为观察对象国与各国贸易成本的线性组合的形式，两者的区别在于线性组合的权重。

通过对安德森和温库普等经典多国引力模型的扩展，本书得出了包含可解析多边阻力变量的多国引力模型，并依据这些模型探讨了 RTA 贸易效应的传导机制和影响因素。之后，以多国引力模型为基础，对中国的 RTA 政策效果进行了模拟预测，这些构成了本书的主要工作。具体地，

第 4 章~第 6 章的多国引力模型都分别对经典文献中的假设进行了扩展，推进了基准模型的解释范围，这也使求解多边阻力变量的解析形式成为可能。

3.4 本章小结

引力模型是分析 RTA 贸易效应的主流方法之一。然而，当 RTA 涉及多个国家时，引力模型中不可解析的多边阻力变量会给 RTA 多边贸易效应的测算与预测分析带来极大困难。鉴于此，本章构建了基于引力模型的 RTA 多边贸易效应分析框架，包括基于引力模型的贸易效应基本分析逻辑、分析形式以及多国引力模型的构建思路，奠定全书分析的逻辑基础，并引出多边阻力变量难题的解决思路。

基本分析逻辑部分，在第 1 章框定的贸易效应经典概念的基础上，阐述了引力模型在贸易效应分析中的优势，即其所包含变量与 RTA 之间的联系与变化关系。之后论证了在两国、三国和多国情形下 RTA 所产生的贸易影响，逐一分析了贸易创造和贸易转移效应在引力模型框架中是如何表现的。揭示了 RTA 对贸易流产生影响的不同机制：在两国与三国模型中，贸易成本就足以表现贸易创造和贸易转移效应，但对于超过三个国家的多国模型，必须纳入多边阻力变量来识别多边贸易转移效应。在此基础上，还讨论了贸易创造和贸易转移效应具体大小的影响因素，提出后文布局的逻辑思路。

如果要对多边贸易效应进行全面分析，需要构建多国引力模型。由于多边阻力变量对于多边贸易转移效应分析的必要性，应当在引力模型理论分析中纳入该因素。但截至目前，包含有可解析的多边阻力变量的理论引力模型尚不多见，原因在于多边阻力变量的具体形式难以确定。规避多边阻力项的两国、三国模型尽管得出了可解析的两种贸易效应，但却忽视了国家数目众多、区域合作形势复杂的全球贸易现状，所以必须在构建引力模型的微观基础上考虑多边影响。

对于多边阻力变量难以确定的问题，本部分参考了基于现代经济学分析方法的一个经典引力模型，之后基于这个基准模型分析了多边阻力变量的不可解析的原因及其带来的弊端，并提出了本书的改进方法，由此引出接下来第 4 章～第 6 章扩展版多边引力模型的构建与分析思路。

4

基于总出口多边阻力变量的
RTA多边效应分析

　　本部分通过一个代表性企业模型来获得双边贸易的引力方程形式，并以此观察 RTA 对参与方和非参与方造成的不同影响。和安德森和温库普的研究不同，这个多边阻力变量是可以观测的。该模型类似于典型的新开放宏观经济学模型框架，如奥布斯特法尔德和罗格夫（Obstfeld & Rogoff，1995）的研究，例外的是由于不考虑短期，模型去掉了价格黏性假设。由于本书的研究目的不在于均衡的达到过程与稳定性，静态模型对于分析是足够的，这一点对于本书的全部模型都适用。模型主要基于诺威（2006）的较为完备的一般均衡引力模型框架，但其关于不可贸易品的设置并不合理：在诺威的研究中本地生产用于本地销售的产量和本国不可贸易品的产量总相同（根据两个部门的同质技术假设可以推导出）。本书对诺威的模型进行了设定上的调整，取消对可贸易品企业和不可贸易品企业差异的设置，使模型中的代表性企业是同质的，并在第 6 章用一个异质性企业引力模型作为对此处修改的补充和发展。但仍维持国际经济学中主流的垄断竞争（Krugman，1980）与冰山贸易成本假设（Samuelson，1954）。

4.1 模型设置与产品市场均衡

4.1.1 模型基本设置

本模型考虑居住于 N 个国家（j = 1, 2, …, N; N ≥ 2）的消费者与企业的最优化行为，这两者的数目都是离散的，且国家 j 拥有的消费者数量和该国企业生产的差异化产品种类相等，为 M_j。考虑垄断竞争市场，每个企业是一个独立的生产者，生产一种差异化的产品，因此国家 j 拥有的企业数目也为 M_j。根据设定，产品关于单个消费者的密度是 $\frac{1}{M_j}$。本书设置世界产品总数（也是消费者总数）$\sum_{j=1}^{N} M_j = M$，这是个常数，此处不再设置固定的可贸易品与不可贸易品比例。

贸易双方的"冰山型"贸易成本 τ_{jk} 将在商品从 j 国运往 k 国时发生（认为 $\tau_{jj} = 0$）。冰山贸易成本意味着每单位商品再被运送过程中都会损失 τ_{jk} 的比例，那么显然有 $0 \leqslant \tau \leqslant 1$。此处应注意双边贸易成本可以是不对称的，$\tau_{jk}$ 可以不等于 τ_{kj}。

4.1.2 偏好与消费者行为

假设所有来自同一个国家的消费者都是同质偏好的。他们喜欢消费不喜欢工作，外层效用函数如下：

$$u_j = \ln\chi_j + \eta\ln\left(1 - \frac{l_j}{M}\right) \tag{4-1}$$

其中，χ_j 和 l_j 指的是 j 国的人均消费和劳动（为了和厂商的单位成本 c 相区别，这里的消费用了希腊字母 χ 代替）。类似诺威的模型结构，此处 $\frac{l_j}{M}$ 大于 0 而小于 1，因此式（4 - 1）后半部分将代表负效用。参数 η 假设各国等同。χ_j 是 CES 型复合消费函数，有：

$$\chi_j = \Big[\sum_{k \neq j}^{N} \sum_{i=1}^{M_k} (q_{kj,i})^{\frac{\varepsilon-1}{\varepsilon}} + \sum_{i=1}^{M_j} (q_{jj,i})^{\frac{\varepsilon-1}{\varepsilon}} \Big]^{\frac{\varepsilon}{\varepsilon-1}} \qquad (4-2)$$

其中，$q_{kj,i}$ 指的是国家 k 生产的商品 i 在国家 j 的人均消费（那么 $q_{jj,i}$ 则指的是国家 j 的厂商 i 的本地销售）。国家 j 的消费函数式（4-2）被进口贸易所影响，这将构成式（4-2）的第一项，加上本地销售，这构成了式（4-2）的第二项。参数 $\varepsilon > 1$ 是商品替代弹性，假设该弹性各地相等。

基于消费的价格指数被单位消费 χ_j 的最小化支出的结果所定义，根据式（4-2），有：

$$\min \quad \chi_j = \sum_{k \neq j}^{N} \sum_{i=1}^{M_k} \frac{p_{ki} q_{kj,i}}{1 - \tau_{kj}} + \sum_{i=1}^{M_j} p_{ji} q_{jj,i}$$

$$s.\,t. \quad \Big[\sum_{k \neq j}^{N} \sum_{i=1}^{M_k} (q_{kj,i})^{\frac{\varepsilon-1}{\varepsilon}} + \sum_{i=1}^{M_j} (q_{jj,i})^{\frac{\varepsilon-1}{\varepsilon}} \Big]^{\frac{\varepsilon}{\varepsilon-1}} = \chi_j$$

其中，p_{ki} 是 k 国的企业 i 生产的可贸易品的本地价格，进而 $\frac{p_{ki}}{1-\tau_{kj}}$ 是 k 国的企业 i 生产的该产品在 j 国交易的价格。所有价格被一种世界货币名义决定，这将去除汇率对国际贸易的影响。值得注意的是，跨国贸易价格是 $\frac{1}{1-\tau_{kj}}$ 乘以本地价格，因为当每单位可贸易品从 k 国运往 j 国，只有 $(1-\tau_{kj})$ 部分到达目的地。关税等价的贸易成本则可以表达为：

$$\frac{1}{1 - \tau_{kj}} - 1 = \frac{\tau_{kj}}{1 - \tau_{kj}} \qquad (4-3)$$

对上述最值问题构建拉格朗日函数有：

$$L = \sum_{k \neq j}^{N} \sum_{i=1}^{M_k} \frac{p_{ki} q_{kj,i}}{1 - \tau_{kj}} + \sum_{i=1}^{M_j} p_{ji} q_{jj,i}$$

$$+ \lambda \Big\{ \chi_j - \Big[\sum_{k \neq j}^{N} \sum_{i=1}^{M_k} (q_{kj,i})^{\frac{\varepsilon-1}{\varepsilon}} + \sum_{i=1}^{M_j} (q_{jj,i})^{\frac{\varepsilon-1}{\varepsilon}} \Big]^{\frac{\varepsilon}{\varepsilon-1}} \Big\}$$

进口品的一阶条件为：

$$\frac{dL}{dq_{kj,i}} = \frac{p_{ki}}{1 - \tau_{kj}} - \lambda \chi_j^{-1} (q_{kj,i})^{\frac{-1}{\varepsilon}} = 0, k \neq j$$

本地销售品的一阶条件为：

$$\frac{dL}{dq_{jj,i}} = p_{ji} - \lambda\chi_j^{-1}(q_{jj,i})^{\frac{-1}{\varepsilon}} = 0$$

为了形式上的统一，则有：

$$\xi_{ki} = \begin{cases} \dfrac{p_{ki}}{1-\tau_{kj}}, & k\neq j \\[2mm] p_{ki}, & k=j \end{cases} \qquad (4-4)$$

则所有产品的一阶条件都有：

$$\frac{dL}{dq_{ki,i}} = \xi_{ki} - \lambda\chi_j^{-1}(q_{ki,i})^{\frac{-1}{\varepsilon}} = 0 \Rightarrow q_{kj,i} = \left(\frac{\xi_{ji}}{\xi_{ki}}\right)^{\varepsilon} q_{jj,i}, k\neq j$$

代入限定条件 $\left[\sum\limits_{k\neq j}^{N}\sum\limits_{i=1}^{M_k}(q_{kj,i})^{\frac{\varepsilon-1}{\varepsilon}} + \sum\limits_{i=1}^{M_j}(q_{jj,i})^{\frac{\varepsilon-1}{\varepsilon}}\right]^{\frac{\varepsilon}{\varepsilon-1}} = \chi_j$ 有：

$$\left[\sum_{k\neq j}^{N}\sum_{i=1}^{M_k}\left(\frac{\xi_{ji}}{\xi_{ki}}\right)^{\varepsilon-1}(q_{jj,i})^{\frac{\varepsilon-1}{\varepsilon}} + \sum_{i=1}^{M_j}(q_{jj,i})^{\frac{\varepsilon-1}{\varepsilon}}\right]^{\frac{\varepsilon}{\varepsilon-1}} = \chi_j$$

即：

$$q_{jj,i}\xi_{ji}^{\varepsilon}\left[\sum_{k\neq j}^{N}\sum_{i=1}^{M_k}\xi_{ki}^{1-\varepsilon} + \sum_{i=1}^{M_j}\xi_{ji}^{1-\varepsilon}\right]^{\frac{\varepsilon}{\varepsilon-1}} = \chi_j$$

考虑价格组合，有：

$$P_j = \left[\sum_{k\neq j}^{N}\sum_{i=1}^{M_k}\xi_{ki}^{1-\varepsilon} + \sum_{i=1}^{M_j}\xi_{ji}^{1-\varepsilon}\right]^{\frac{1}{1-\varepsilon}} \qquad (4-5)$$

可得：

$$q_{jj,i} = \left(\frac{P_j}{\xi_{ji}}\right)^{\rho}\chi_j$$

代入一阶条件则有：

$$q_{kj,i} = \left(\frac{P_j}{\xi_{ki}}\right)^{\rho}\chi_j \qquad (4-6)$$

而二阶条件经验证满足，则式（4-6）为 j 国对 k 国产品 i 的个体需求函数。

而 j 国的个人消费约束可以定义如下：

$$P_j\chi_j = w_j l_j + \pi_j \qquad (4-7)$$

其中，w_j 是名义工资，π_j 是 j 国企业的人均名义利润，企业利润被重新分配给了 j 国消费者。

4.1.3　代表性企业行为

考虑垄断竞争市场，每个企业是一个独立的生产者，生产一种差异化的产品，并通过定价行为使利润最大化。令 q_{ji} 代表 j 国企业 i 的总产出，$q_{jk,i}$ 代表 j 国企业 i 出口到 k 国的总产出，$q_{jj,i}$ 代表 j 国企业 i 用于本地销售的产量。如果令 $q_{ji,EX}$ 代表 j 国企业 i 的个别出口，则有：

$$q_{ji,EX} = \sum_{k=1}^{N} q_{jk,i}, k \neq j \qquad (4-8)$$

考虑规模报酬不变，所有企业将会面临一个线性生产函数：

$$q_{jk,i} = A_j l_{jk,i}, k \neq j \qquad (4-9)$$

$$q_{jj,i} = A_j l_{jj,i} \qquad (4-10)$$

其中，A_j 是 j 国的技术水平，该参数外生，并假设在一国内的各企业相等，但国与国之间不一定相等。$l_{jk,i}$ 代表用于生产 $q_{jk,i}$ 的劳动。则有：

$$l_{ji} = \sum_{k=1}^{N} l_{jk,i} \qquad (4-11)$$

由于一个国家内所有消费者都是等同的，每个消费者会根据企业的要素需求，将他们的劳动散布在国内每家企业。由于劳动假设为不可跨国流动，国内消费者不能去国外企业工作。

市场出清时，将式（4-6）的 j 国生产出口到 k 国的贸易品的个体需求函数进行加总，可得到出清条件为：

$$(1 - \tau_{jk}) q_{jk,i} = \left[\frac{p_{ji}}{P_k (1 - \tau_{jk})} \right]^{-\varepsilon} M_k \chi_k \qquad (4-12)$$

式（4-12）的右侧代表了被 k 国的 M_k 个消费者需求的可贸易品 i 的数量，左侧代表了从 j 国运往 k 国的 i 产品最终到达的数量。同理，将 j 国企业 i 本地销售的产品需求加总可得：

$$q_{jj,i} = \left(\frac{p_{ji}}{P_j} \right)^{-\varepsilon} M_j \chi_j \qquad (4-13)$$

j 国 i 企业的利润函数可以写为：

$$\pi_{ji} = \sum_{k=1}^{N} (p_{ji} q_{jk,i} - w_j l_{jk,i}) \qquad (4-14)$$

其中 w_j 是假设为出口与本地销售部门间相等的名义工资。代入生产方程（4-9）和市场出清条件式（4-12）进入式（4-14）可知：

$$\pi_{ji} = \sum_{k=1}^{N} \left[(p_{ji})^{1-\varepsilon} P_k^\varepsilon M_k \chi_k (1 - \tau_{jk})^{\varepsilon-1} - w_j (p_{ji})^{-\varepsilon} P_k^\varepsilon M_k \chi_k (1 - \tau_{jk})^{\varepsilon-1} A_j^{-1} \right]$$

关于 p_{ji} 最大化的一阶条件为：

$$\frac{\partial \pi_{ji}}{\partial p_{ji}} = (1 - \varepsilon)(p_{ji})^{-\varepsilon} P_k^\varepsilon M_k \chi_k (1 - \tau_{jk})^{\varepsilon-1}$$
$$+ \varepsilon w_j (p_{ji})^{-\varepsilon-1} P_k^\rho M_k \chi_k (1 - \tau_{jk})^{\varepsilon-1} A_j^{-1} = 0。$$

即：

$$p_{ji} = \frac{\varepsilon}{\varepsilon - 1} \frac{w_j}{A_j} \tag{4-15}$$

企业最优定价策略不设置角标 i，即同一个国家国内的全部企业的定价策略都是相同的，即：

$$p_{ji} \equiv p_j \tag{4-16}$$

经验证，二阶条件均满足。这样，j 国的全部企业都有相同的价格 p_j，不管是不是用于出口。

4.2 要素市场均衡与一般均衡

4.2.1 劳动力市场均衡

鉴于一个国家所有企业生产产品的策略是对称的，产品序号 i 将不必出现在下面的推导过程中。每个国家 j 的消费者根据消费预算式（4-7）最大化效用式（4-1），可得拉格朗日函数如下：

$$L = \ln\chi_j + \eta\ln\left(1 - \frac{l_j}{M}\right) + \lambda(P_j\chi_j - w_jl_j + \pi_j)$$

一阶条件为：

$$\frac{\partial L}{\partial \chi_j} = \frac{1}{\chi_j} + \lambda P_j = 0$$

$$\frac{\partial L}{\partial l_j} = \frac{-\eta}{M - l_j} - \lambda w_j = 0$$

经验证，二阶条件满足，因此联立上两式可以得到劳动供给条件，即：

$$\frac{\eta}{M - l_j} = \frac{w_j}{P_j \chi_j} \qquad (4-17)$$

为了求解模型，有必要定义人均产出、人均劳动供给为：

$$q_j = \sum_{k=1}^{N} q_{jk} \qquad (4-18)$$

$$l_j = \sum_{j=1}^{N} l_{jk} \qquad (4-19)$$

其中，q_{jk} 就是式（4-8）里面的 $q_{jk,i}$，但不同的是计算人均产出需要同时考虑国内外两个市场。l_j 就是式（4-11）里面的 l_{ji}，而人均利润 π_j 就是式（4-14），同时人均利润即为企业利润 π_j。利用生产方程（4-9）、方程（4-10）和价格方程（4-15）、方程（4-16）可得人均利润：

$$\pi_j = p_j q_j - w_j l_j$$

结合式（4-7）的收入约束、生产函数、定价式（4-15）、式（4-16）和最优劳动供给式（4-17），可得最优人均劳动供给：

$$l_j = M \frac{\varepsilon - 1}{\varepsilon - 1 + \varepsilon \eta} \qquad (4-20)$$

该结果同样没有角标，这意味着各国人均（单一企业）劳动供给相同。

4.2.2 一般均衡的存在性

各国名义工资不同，不妨设定其间存在一个调整系数 α：

$$\alpha_1 w_1 = \alpha_2 w_2 = \cdots = \alpha_j w_j = \cdots = \alpha_N w_N$$

该参数决定于式（4-15）和式（4-16），则有：

$$p_k = \frac{\varepsilon}{\varepsilon - 1} \frac{w_k}{A_k} = \frac{\varepsilon}{\varepsilon - 1} \frac{\alpha_j w_j}{\alpha_k A_k} \qquad (4-21)$$

将式（4-21）代入式（4-5）的价格指数，有：

$$P_j = \Omega_j^{\frac{1}{1-\varepsilon}} \frac{\varepsilon}{\varepsilon-1} w_j$$

其中，

$$\Omega_j \equiv \sum_{k\neq j}^{N} M_k \left[A_k (1-\tau_{kj}) \frac{\alpha_k}{\alpha_j} \right]^{\varepsilon-1} + M_j A_j^{\varepsilon-1} \qquad (4-22)$$

实际工资将等于：

$$\frac{w_j}{P_j} = \Omega_j^{\frac{1}{\varepsilon-1}} \frac{\varepsilon-1}{\varepsilon} \qquad (4-23)$$

利用预算约束式（4-7）和最优劳动供给式（4-17），可以将人均消费量和实际利润表示为：

$$\chi_j = l_j \Omega_j^{\frac{1}{\varepsilon-1}} \qquad (4-24)$$

$$\frac{\pi_j}{P_j} = \frac{l_j}{\varepsilon} \Omega_j^{\frac{1}{\varepsilon-1}} \qquad (4-25)$$

同时，考虑各国的最优劳动供给策略相同，有：

$$\chi_k = \chi_j \left(\frac{\Omega_k}{\Omega_j} \right)^{\frac{1}{\varepsilon-1}} \qquad (4-26)$$

为消除调整系数 α，从式（4-18）出发，代入市场出清条件式（4-12）和式（4-13），接着利用式（4-15）、式（4-16）、式（4-21）、式（4-23）、式（4-26）可以得出：

$$\frac{q_j}{A_j} = \chi_j \Omega_j^{\frac{\varepsilon}{1-\varepsilon}} \left\{ \sum_{k\neq j}^{N} M_k \left[A_k(1-\tau_{kj}) \right]^{\varepsilon-1} \left(\frac{\alpha_k}{\alpha_j} \right)^{-\varepsilon} \frac{\Omega_j}{\Omega_k} \left[\frac{A_k(1-\tau_{jk})}{A_j(1-\tau_{kj})} \right]^{\varepsilon-1} + M_j A_j^{\rho-1} \right\}$$

$$(4-27)$$

根据生产方程式（4-9）和式（4-10），定义式（4-18）、式（4-19）和式（4-24）将满足：

$$l_j = \frac{q_j}{A_j} = \chi_j \Omega_j^{\frac{1}{1-\varepsilon}}$$

将式（4-19）代入式（4-27）可知，式（4-27）中的大括号将等于 Ω_j。利用式（4-22），有：

$$\frac{\alpha_k}{\alpha_j} = \left\{ \frac{\Omega_j}{\Omega_k} \left[\frac{A_k(1-\tau_{jk})}{A_j(1-\tau_{kj})} \right]^{\varepsilon-1} \right\}^{\frac{1}{2\varepsilon-1}} \qquad (4-28)$$

最终将式（4-28）代入式（4-22）即可消除 α，有：

$$\Omega_j \equiv \sum_{k \neq j}^{N} M_k \left(A_k (1 - \tau_{kj}) \left\{ \frac{\Omega_j}{\Omega_k} \left[\frac{A_k (1 - \tau_{jk})}{A_j (1 - \tau_{kj})} \right]^{\varepsilon-1} \right\}^{\frac{1}{2\varepsilon-1}} \right)^{\varepsilon-1}$$

$$+ M_j A_j^{\varepsilon-1}, j = 1, 2, \cdots, N \qquad (4-29)$$

式（4-29）是一个不可解析的方程组，但是存在数值解。与诺威模型类似，该方程组对于 Ω 的每一组合理的外生参数值都存在唯一的解。Ω 会给出合理的一般均衡结果：式（4-23）、式（4-24）、式（4-25）中的实际工资、消费、实际利润。例如一个技术改进 A_j 增加将增加 Ω_j 并增加 j 国的实际工资、消费、实际利润，但也会使其他国家的 Ω 增加从而使得国外居民受益。可以预期的是，在均衡时，贸易成本的存在降低了实际工资、消费和实际利润。

4.3 引力方程与多边阻力变量

4.3.1 引力方程的得出

因为国家 j 的所有企业生产可贸易品是对称的，同时存在 M_j 个产品种类，j 国出口给 k 国的所有产品将为：

$$EX_{jk} = M_j q_{jk,i} \qquad (4-30)$$

其中，EX_{jk} 代表了 j 国对 k 国的实际出口。为得出引力模型的普遍形式，将式（4-12）代入式（4-30）的右边部分，并利用 j 国版本的式（4-21）和式（4-28）和 k 国版本的式（4-23）和式（4-24）。利用生产方程（4-9）进行变形可得：

$$\left(\frac{\Omega_j}{\Omega_k} \right)^{\frac{\varepsilon-1}{2\varepsilon-1}} = \frac{\Omega_j l_{jk} \left[\frac{A_k (1 - \tau_{jk})}{A_j (1 - \tau_{kj})} \right]^{\frac{\varepsilon(\varepsilon-1)}{2\varepsilon-1}}}{l_k M_k \left[A_j (1 - \tau_{kj}) \right]^{\varepsilon-1}} \qquad (4-31)$$

将式（4-31）左侧代入式（4-29）右侧，注意到 $l_j = l_k$（来自（4-20））。之后求解 Ω_j 可获得：

$$\Omega_j = \frac{M_j A_j^{\varepsilon-1} l_j}{l_{jj}} \qquad (4-32)$$

将 j 国版本和 k 国版本的式（4-32）代入回式（4-30）的右边并变形可得：

$$EX_{jk} = (1-\tau_{jk})^{\frac{(\varepsilon-1)^2}{2\varepsilon-1}}(1-\tau_{kj})^{\frac{(\varepsilon-1)^2}{2\varepsilon-1}}(M_j q_{jj})^{\frac{\varepsilon}{2\varepsilon-1}}(M_k q_{kk})^{\frac{\varepsilon-1}{2\varepsilon-1}}\left(\frac{M_k}{M_j}\right)^{\frac{1}{2\varepsilon-1}}$$

$$(4-33)$$

最后，根据式（4-18），注意到一国生产总值 $Y_j = M_j q_j$，并根据式（4-8）可得：

$$M_j q_{jj} = M_j q_j - \sum_{k\neq j}^{N} M_j q_{jk} = Y_j - \sum_{k\neq j}^{N} EX_{jk} = Y_j - EX_j$$

同样的可得 $Y_j - EX_j$，将其代入式（4-33）便可得出一个具有微观基础的个体引力方程，该方程将 EX_{jk} 作为唯一被决定贸易流变量，有：

$$EX_{jk} = (1-\tau_{jk})^{\frac{(\varepsilon-1)^2}{2\varepsilon-1}}(1-\tau_{kj})^{\frac{\varepsilon(\varepsilon-1)}{2\varepsilon-1}}(Y_j - EX_j)^{\frac{\varepsilon}{2\varepsilon-1}}(Y_k - EX_k)^{\frac{\varepsilon-1}{2\varepsilon-1}}\left(\frac{M_k}{M_j}\right)^{\frac{1}{2\varepsilon-1}}$$

$$(4-34)$$

其中，M_j 是 j 国的人口，Y_j 是 j 国实际产出，$EX_j = \sum_{k\neq j}^{N} EX_{jk}$ 为 j 国总实际出口。

在式（4-34）中，k 国的相对人口 $\frac{M_k}{M_j}$ 成为 j 国对 k 国出口的自变量。直观上，k 国的居民越多，越需要从 j 国进口商品。当 k 国新出生了一位消费者，他从 j 国消费一单位产品产生的边际效用将高于 j 国的现存消费者，这将增加 EX_{jk}。安德森（1979）指出，即使很多理论没有将人口引入引力模型，实证应用中人口常常被作为回归变量，而且常常是显著的。

将式（4-34）的单个 EX_{jk} 引力方程交换下标指数可得两个单个方程，进而将两者相乘，可得出消除人口影响的经典形态的引力方程：

$$EX_{jk} EX_{kj} = (Y_j - EX_j)(Y_k - EX_k)(1-\tau_{jk})^{\varepsilon-1}(1-\tau_{kj})^{\varepsilon-1} \qquad (4-35)$$

显然，根据式（4-35），双边贸易乘积 $EX_{jk} EX_{kj}$ 在双边贸易成本 τ

下降时会提高。同时，双边贸易不仅仅由传统的 Y_j 决定，而是由被总出口调整之后的 Y_j 决定，即 $Y_j - EX_j$ 决定。这个项可以被解释为市场潜力，因为 $Y_j - EX_j$ 是 j 国潜在的可以出口的产出，但并没有被出口。例如，当国内生产总值增加而出口等其他变量不变时，市场潜力会增加进而双边贸易增加。反之亦然，如果总出口增加而其他不变时，市场潜力会下降进而使双边贸易下降，这实际上是一种贸易转移。原因在于，在一般均衡时如果 j 国总出口要增加，第三方的贸易成本 τ_{jh} 必须下降，这使得 j 国和 k 国的贸易成本相对增加。市场潜力将第三方的影响纳入贸易考虑，而不是将给定的贸易成本转移给 k 国。

截至目前，所有引力方程都是由出口构成的，为了完整性，在此提及一下进口。进出口的关系很直观，如果进出口是由同一个国家报告，则 $IM_{jk} = EX_{kj}$。但如果由进出口国分别报告，进出口的关系则为：

$$IM_{jk} = (1 - \tau_{jk})EX_{jk} \qquad (4-36)$$

其中，IM_{jk} 为 k 国对 j 国的实际进口（由 k 国报告）。等于 j 国对 k 国实际出口除去冰山成本。式（4-36）实际上描述了出口数据（由 j 国报告）和进口数据（由 k 国报告）核算口径的不一致性。

4.3.2　总出口多边阻力变量

引力方程（4-34）、方程（4-35）和之后的式（4-43）都以总出口的形式更加详细地刻画出了安德森和温库普的"多边阻力"，即双边贸易由双边壁垒和平均贸易壁垒的商决定。举例来说，考虑所有的壁垒 τ_{jh}（除了 τ_{jk}）都下降时，EX_j 会增加，EX_{jk} 会下降。因此，此时式（4-35）里的总出口就代表了多边阻力的影响，因为总出口隐含地捕捉了平均贸易壁垒。或者可以通过贸易破坏和贸易转移来捕捉多边阻力。例如，当世界上除了 j 国和 k 国（的两个双边壁垒）的全部的双边壁垒都增加时，世界总贸易流减少了，这是贸易破坏。但根据式（4-34），j 国和 k 国之间获得了一些"被破坏"的贸易，因为两个国家的相对贸易壁垒下降了，即存在贸易转移。

总出口作为多边阻力变量最大的优势在于可观测性，各国的总出口数据是容易观察的。但劣势在于进行多边贸易效应分析时，首先需要考虑 RTA 对于总出口的影响，或者说贸易成本变动所引起的总出口变动，这将导致一个更为复杂的解析形式。因此在第 5 章，本书提出了一个更便于比较静态分析的多边阻力变量形式，但此处的总出口多边阻力变量由于优良的可观测性，更适用于纳入多边阻力变量的经验研究。

4.4　RTA 的多边效应

4.4.1　单边贸易自由化的多边效应

本部分首先分析单边自由化（unilateral liberalization）的影响，即考虑一个非对称成本变动：j 国和 k 国签订了一个特殊的 RTA（例如单边优惠贸易安排），这导致 j 国对 k 国的出口成本 τ_{jk} 下降，但 k 国对 j 国的出口成本 τ_{kj} 也没有发生变化。或者说 k 国单方面降低了进口 j 国产品的壁垒，同时其他双边壁垒不会发生变化。根据式（4 - 34），τ_{jk} 的变化会直接影响到 RTA 参与双方的两组贸易流：EX_{jk} 和 EX_{kj}。

本书首先观察 j 国对 k 国的出口 EX_{jk} 的变化。但此处的多边影响变量 EX_j 包含了 EX_{jk} 本身，即式（4 - 34）存在一个循环决定关系，因此在分析 RTA 的影响时需要对 EX_j 和 EX_k 采用链式求导，并最终将两个偏导数联立求解。对式（4 - 34）关于 τ_{jk} 求导可得：

$$\frac{\partial EX_{jk}}{\partial \tau_{jk}} = -\frac{(\varepsilon - 1)^2}{2\varepsilon - 1}(1 - \tau_{jk})^{-1} EX_{jk}$$

$$-\frac{\varepsilon}{2\varepsilon - 1}(Y_j - EX_j)^{-1} EX_{jk} \frac{\partial EX_j}{\partial \tau_{jk}} - \frac{\varepsilon - 1}{2\varepsilon - 1}(Y_k - EX_k)^{-1} EX_{jk} \frac{\partial EX_k}{\partial \tau_{jk}}$$

$$(4 - 37)$$

接下来观察这个 RTA 的两个参与方的相反方向的贸易流，k 国对 j 国出口版本的式（4 - 34）关于 τ_{jk} 求导可得：

$$\frac{\partial EX_{kj}}{\partial \tau_{jk}} = -\frac{\varepsilon(\varepsilon-1)}{2\varepsilon-1}(1-\tau_{jk})^{-1}EX_{kj}$$

$$-\frac{\varepsilon}{2\varepsilon-1}(Y_k - EX_k)^{-1}EX_{kj}\frac{\partial EX_k}{\partial \tau_{jk}} - \frac{\varepsilon-1}{2\varepsilon-1}(Y_j - EX_j)^{-1}EX_{kj}\frac{\partial EX_j}{\partial \tau_{jk}}$$

$$(4-38)$$

考虑 $EX_j = \sum\limits_{b\neq j}^{N} EX_{jb}$、$EX_k = \sum\limits_{b\neq k}^{N} EX_{kb}$ 可知：$\dfrac{\partial EX_j}{\partial \tau_{jk}} = \dfrac{\partial EX_{jk}}{\partial \tau_{jk}}$，$\dfrac{\partial EX_k}{\partial \tau_{jk}} =$

$\dfrac{\partial EX_{kj}}{\partial \tau_{jk}}$（此处为了分析简便，暂未考虑双边贸易成本对第三方贸易的影响）。

将其代入式（4-37）和式（4-38）并联立求解：

$$\begin{bmatrix} 1 + \dfrac{\varepsilon}{2\varepsilon-1}(Y_j - EX_j)^{-1}EX_{jk} & \dfrac{\varepsilon-1}{2\varepsilon-1}(Y_k - EX_k)^{-1}EX_{jk} \\[3mm] \dfrac{\varepsilon-1}{2\varepsilon-1}(Y_j - EX_j)^{-1}EX_{kj} & 1 + \dfrac{\varepsilon}{2\varepsilon-1}(Y_k - EX_k)^{-1}EX_{kj} \end{bmatrix} \begin{bmatrix} \dfrac{\partial EX_{jk}}{\partial \tau_{jk}} \\[3mm] \dfrac{\partial EX_{kj}}{\partial \tau_{jk}} \end{bmatrix}$$

$$= \begin{bmatrix} -\dfrac{(\varepsilon-1)^2}{2\varepsilon-1}(1-\tau_{jk})^{-1}EX_{jk} \\[3mm] -\dfrac{\varepsilon(\varepsilon-1)}{2\varepsilon-1}(1-\tau_{jk})^{-1}EX_{kj} \end{bmatrix}$$

利用克莱默法则易得：

$$\frac{\partial EX_{jk}}{\partial \tau_{jk}} = \frac{-(1-\tau_{jk})^{-1}(Y_j - EX_j)(\varepsilon-1)^2\dfrac{Y_k - EX_k}{EX_{kj}}}{\dfrac{Y_j - EX_j}{EX_{jk}}\dfrac{Y_k - EX_k}{EX_{kj}}(2\varepsilon-1) + \varepsilon\left(\dfrac{Y_j - EX_j}{EX_{jk}} + \dfrac{Y_k - EX_k}{EX_{kj}}\right) + 1} < 0$$

$$(4-39)$$

$$\frac{\partial EX_{kj}}{\partial \tau_{jk}} = \frac{-(1-\tau_{jk})^{-1}(Y_k - EX_k)(\varepsilon-1)\left(\dfrac{Y_j - EX_j}{EX_{jk}}\varepsilon + 1\right)}{\dfrac{Y_j - EX_j}{EX_{jk}}\dfrac{Y_k - EX_k}{EX_{kj}}(2\varepsilon-1) + \varepsilon\left(\dfrac{Y_j - EX_j}{EX_{jk}} + \dfrac{Y_k - EX_k}{EX_{kj}}\right) + 1} < 0$$

$$(4-40)$$

从式（4-39）可知 j 国对 k 国的出口成本 τ_{jk} 下降导致 EX_{jk} 上升了，这个上升代表了贸易创造效应和贸易转移效应叠加形成的贸易扩张效应。同时，式（4-40）中 j 国对 k 国的出口成本 τ_{jk} 下降导致 EX_{kj} 也上升了，单边 RTA 和双边产生了类似的效应；另外，对比式（4 - 39）和式（4 - 40）的结构可知，单边 RTA 对于参与方之间两个方向的贸易额都有影响，但方式略有不同，这都和模型设置有很大的关系。

接下来观察 j 国和 k 国的两组贸易流之外的其他贸易流的变化。不妨考虑 j 国对 h 国的出口 EX_{jh}，根据式（4 - 34），EX_{jh} 将不会受到 τ_{jk} 的直接影响，但会受到 j 国总出口的影响。对 EX_{jh} 关于 τ_{jk} 求导可得：

$$\frac{\partial EX_{jh}}{\partial \tau_{jk}} = -\frac{\varepsilon}{2\varepsilon - 1}(Y_j - EX_j)^{-1} EX_{jk} \frac{\partial EX_j}{\partial \tau_{jk}} \qquad (4-41)$$

考虑 $\dfrac{\partial EX_j}{\partial \tau_{jk}} = \dfrac{\partial EX_{jk}}{\partial \tau_{jk}}$，并将式（4 - 39）代入式（4 - 41）有：

$$\frac{\partial EX_{jh}}{\partial \tau_{jk}} = \frac{\dfrac{\varepsilon(\varepsilon - 1)^2}{2\varepsilon - 1} EX_{jk}(1 - \tau_{jk})^{-1}\dfrac{Y_k - EX_k}{EX_{kj}}}{\dfrac{Y_j - EX_j}{EX_{jk}}\dfrac{Y_k - EX_k}{EX_{kj}}(2\varepsilon - 1) + \varepsilon\left(\dfrac{Y_j - EX_j}{EX_{jk}} + \dfrac{Y_k - EX_k}{EX_{kj}}\right) + 1} > 0$$

$$(4-42)$$

可知，τ_{jk} 会对 EX_{jh} 产生同方向影响。当 RTA 使 j 国对 k 国的出口成本 τ_{jk} 下降时，出口国对第三国的出口 EX_{jh} 也会下降，即贸易转移效应。但对比式（4 - 39）可知这个下降幅度较小。这种下降对于 j 国和 h 国贸易的影响仅通过 j 国总出口 EX_j 这个渠道发生，即 h 国的进口贸易所面临的多边阻力上升了。同理，虽然 k 国对 j 国的进口上升了，同时 k 国对其他国家的进口却会下降，此时其他国家的出口多边阻力也上升了。总出口 EX_j（以及 EX_k）扮演了"多边阻力"的角色。

可见，单边自由化产生了有利于参与方的效应。参与方之间的双边贸易增加了，但这种增加受到了贸易转移效应的削弱（对比联立求解前后参与方之间贸易额关于 τ_{jk} 偏导数可知）。对于非参与方也造成了净损失。由于出口厂商的利润最终仍以消费预算扩张的形式分配给了消费者，进而增加了消费者效用，主动自由化的国家和伙伴国会经历福利增加的过程。

4.4.2 双边贸易自由化的多边效应

在上一小节，本书允许同一组贸易对象的进出口成本只进行单方面的变动，即 $d\tau_{jk} < 0$ 但 $d\tau_{kj} = 0$。在本部分将考虑更为现实的进出口成本同时下降的双边自由化（bilateral liberalization）的情形。为便于分析，此时引入对称贸易成本假设，即 $\tau_{jk} = \tau_{kj}$。此时引力方程（4-34）的形式将更为简洁：

$$EX_{jk} = (1 - \tau_{jk})^{\varepsilon-1}(Y_j - EX_j)^{\frac{\varepsilon}{2\varepsilon-1}}(Y_k - EX_k)^{\frac{\varepsilon-1}{2\varepsilon-1}}\left(\frac{M_k}{M_j}\right)^{\frac{1}{2\varepsilon-1}} \quad (4-43)$$

当 j，k 两国双边贸易成本（此时不必再区分进出口）同时下降时，即一个双边的 RTA（如 FTA）出现在了 j，k 两国之间。和单边自由化情况不同，由于双边自由化变化的对称性，双边自由化的两个参与方受到的影响是完全相同的：

$$\frac{\partial EX_{jk}}{\partial \tau_{jk}} = -(\varepsilon-1)(1-\tau_{jk})^{-1}EX_{jk}$$

$$- \frac{\varepsilon}{2\varepsilon-1}(Y_j - EX_j)^{-1}EX_{jk}\frac{\partial EX_j}{\partial \tau_{jk}} - \frac{\varepsilon-1}{2\varepsilon-1}(Y_k - EX_k)^{-1}EX_{jk}\frac{\partial EX_k}{\partial \tau_{jk}}$$

$$(4-44)$$

$$\frac{\partial EX_{kj}}{\partial \tau_{jk}} = -(\varepsilon-1)(1-\tau_{jk})^{-1}EX_{kj}$$

$$- \frac{\varepsilon}{2\varepsilon-1}(Y_k - EX_k)^{-1}EX_{kj}\frac{\partial EX_k}{\partial \tau_{jk}} - \frac{\varepsilon-1}{2\varepsilon-1}(Y_j - EX_j)^{-1}EX_{kj}\frac{\partial EX_j}{\partial \tau_{jk}}$$

$$(4-45)$$

类似上一小节，考虑 $EX_j = \sum\limits_{b \neq j}^{N} EX_{jb}$、$EX_k = \sum\limits_{b \neq k}^{N} EX_{kb}$ 可知：$\frac{\partial EX_j}{\partial \tau_{jk}} = \frac{\partial EX_{jk}}{\partial \tau_{jk}}$，$\frac{\partial EX_k}{\partial \tau_{jk}} = \frac{\partial EX_{kj}}{\partial \tau_{jk}}$（此处为了分析简便，暂未考虑双边贸易成本对第三方贸易的影响）。将其代入式（4-37）和式（4-38）并联立求解：

$$\begin{bmatrix} 1 + \frac{\varepsilon}{2\varepsilon-1}(Y_j - EX_j)^{-1}EX_{jk} & \frac{\varepsilon-1}{2\varepsilon-1}(Y_k - EX_k)^{-1}EX_{jk} \\ \frac{\varepsilon-1}{2\varepsilon-1}(Y_j - EX_j)^{-1}EX_{kj} & 1 + \frac{\varepsilon}{2\varepsilon-1}(Y_k - EX_k)^{-1}EX_{kj} \end{bmatrix}\begin{bmatrix} \frac{\partial EX_{jk}}{\partial \tau_{jk}} \\ \frac{\partial EX_{kj}}{\partial \tau_{jk}} \end{bmatrix}$$

$$= \begin{bmatrix} -(\varepsilon-1)(1-\tau_{jk})^{-1}EX_{jk} \\ -(\varepsilon-1)(1-\tau_{jk})^{-1}EX_{kj} \end{bmatrix}$$

利用克莱默法则易得：

$$\frac{\partial EX_{jk}}{\partial \tau_{jk}} = \frac{-(1-\tau_{jk})^{-1}(Y_j - EX_j)(\varepsilon - 1)\left[\dfrac{Y_k - EX_k}{EX_{kj}}(2\varepsilon - 1) + 1\right]}{\dfrac{Y_j - EX_j}{EX_{jk}}\dfrac{Y_k - EX_k}{EX_{kj}}(2\varepsilon - 1) + \varepsilon\left(\dfrac{Y_j - EX_j}{EX_{jk}} + \dfrac{Y_k - EX_k}{EX_{kj}}\right) + 1} < 0$$

$$(4-46)$$

$$\frac{\partial EX_{kj}}{\partial \tau_{jk}} = \frac{-(1-\tau_{jk})^{-1}(Y_k - EX_k)(\varepsilon - 1)\left[\dfrac{Y_j - EX_j}{EX_{jk}}(2\varepsilon - 1) + 1\right]}{\dfrac{Y_j - EX_j}{EX_{jk}}\dfrac{Y_k - EX_k}{EX_{kj}}(2\varepsilon - 1) + \varepsilon\left(\dfrac{Y_j - EX_j}{EX_{jk}} + \dfrac{Y_k - EX_k}{EX_{kj}}\right) + 1} < 0$$

$$(4-47)$$

从式（4-46）和式（4-47）可知，j 国和 k 国缔结双边 RTA 之后，τ_{jk} 下降将导致两个方向的双边贸易同时增加。这是贸易创造效应和贸易转移效应叠加形成的贸易扩张效应在进出口两个方向的体现。同时，将这两个式子与单边情况下式（4-39）和式（4-40）对比可以看出，双边 RTA 的贸易扩张效应更强（对比式（4-39）和式（4-46）的不同项可得：

$$\left[\frac{Y_k - EX_k}{EX_{kj}}(2\varepsilon - 1) + 1\right] > (\varepsilon - 1)\frac{Y_k - EX_k}{EX_{kj}}$$

对比式（4-40）和式（4-47）的不同项可得 $\left[\dfrac{Y_j - EX_j}{EX_{jk}}(2\varepsilon - 1) + 1\right] >$ $\left(\dfrac{Y_j - EX_j}{EX_{jk}}\varepsilon + 1\right)$。在不考虑角标的情况下（即 RTA 双方经济规模和出口规模对等时），双边 RTA 效应完全是两个单边 RTA 效应的叠加。即式（4-46）或式（4-47）都是式（4-39）和式（4-40）两式之和。

接下来观察双边 RTA 参与方 j 国和 k 国之外的其他贸易流的变化。不妨仍考虑 j 国对 h 国的出口 EX_{jh}，和单边自由化类似地，根据式（4-43），在 j 国和 k 国产生双边 RTA 后，EX_{jh} 仍不会受到 τ_{jk} 的直接影响，但会受到 j 国总出口的影响。对 EX_{jh} 关于 τ_{jk} 求导可得：

$$\frac{\partial EX_{jh}}{\partial \tau_{jk}} = -\frac{\varepsilon}{2\varepsilon - 1}(Y_j - EX_j)^{-1}EX_{jk}\frac{\partial EX_j}{\partial \tau_{jk}} \qquad (4-48)$$

考虑 $\dfrac{\partial EX_j}{\partial \tau_{jk}} = \dfrac{\partial EX_{jk}}{\partial \tau_{jk}}$，并将式（4-46）代入式（4-48）有：

$$\frac{\partial EX_{jh}}{\partial \tau_{jk}} = \frac{\dfrac{\varepsilon(\varepsilon-1)}{2\varepsilon-1}EX_{jk}(1-\tau_{jk})^{-1}\left[\dfrac{Y_k-EX_k}{EX_{kj}}(2\varepsilon-1)+1\right]}{\dfrac{Y_j-EX_j}{EX_{jk}}\dfrac{Y_k-EX_k}{EX_{kj}}(2\varepsilon-1)+\varepsilon\left(\dfrac{Y_j-EX_j}{EX_{jk}}+\dfrac{Y_k-EX_k}{EX_{kj}}\right)+1}>0$$

$$(4-49)$$

类似于单边自由化的情况，τ_{jk} 会对 EX_{jh} 产生同方向影响。当 RTA 使 j 国对 k 国的出口成本 τ_{jk} 下降时，出口国对第三国的出口 EX_{jh} 也会下降，即贸易转移效应。但对比式（4-46）可知，这个下降幅度较小。这种下降对于 j 国和 h 国贸易的影响仅通过 j 国总出口 EX_j 这个渠道发生，即 h 国的进口贸易所面临的多边阻力上升了。同理，虽然 k 国对 j 国的进口上升了，但同时 k 国对其他国家的进口却会下降，此时其他国家的出口多边阻力也上升了。总出口 EX_j（以及 EX_k）扮演了"多边阻力"的角色。和单边情况不同的是，对比式（4-49）和式（4-42）可知，双边 RTA 的非参与方的贸易损失比单边时更大。

可见，双边自由化也产生了有利于参与方的效应，而且更强，对于非参与方造成的净损失也更大。当各国经济规模和出口规模相同时，双边自由化效应完全是两个方向的单边自由化效应的叠加。主动进行贸易自由化的 RTA 参与方变成了更好的出口地，和单边情况类似，这伴随着参与方长期的福利增加以及非参与方的福利减少。

4.4.3 RTA 政策效果及其影响因素

从 RTA 出口参与方视角来看，式（4-37）和式（4-44）实际上将 τ_{jk} 变化对 RTA 出口参与方的影响分成了两大部分，一部分是直接双边贸易成本下降带来的双边贸易增加，另一部分是由于双边出口额增加导致总出口增加反过来带来的双边贸易额的减少，这种减少来自进口国总出口和出口国总出口两方面。此处分别用 Φ_1，Φ_2，Φ_3 来代表着三个部分的影响程度，不妨以双边自由化为例：

$$\Phi_1 = \left| -(\varepsilon - 1)(1 - \tau_{jk})^{-1} EX_{jk} \right| \qquad (4-50)$$

$$\Phi_2 = \left| -\frac{\varepsilon}{2\varepsilon - 1}(Y_j - EX_j)^{-1} EX_{jk} \frac{\partial EX_j}{\partial \tau_{jk}} \right| \qquad (4-51)$$

$$\Phi_3 = \left| -\frac{\varepsilon - 1}{2\varepsilon - 1}(Y_k - EX_k)^{-1} EX_{jk} \frac{\partial EX_k}{\partial \tau_{jk}} \right| \qquad (4-52)$$

考虑正负号，将式（4-50）、式（4-51）、式（4-52）代入式（4-44）可得：

$$\frac{\partial EX_{jk}}{\partial \tau_{jk}} = -(\Phi_1 - \Phi_2 - \Phi_3)$$

即 RTA 带来的参与双方双边贸易成本的下降所导致的双边贸易增加额 Φ_1 受到了由于多边阻力变量 EX_j 和 EX_k 增加而导致的 Φ_2，Φ_3 带来的削弱。观察式（4-50）可知，RTA 的直接效果 Φ_1 除了与模型参数 ε 有关，还和双边原有成本正相关，和双边原有贸易额等比例正相关。前者说明 RTA 缔结之前如果双方的贸易成本很高，RTA 的效果将会更显著；后者则说明 RTA 缔结的效果和双方的原有贸易规模成正比，其对双边贸易的提高是比例性的。观察式（4-51）、式（4-52）则可知，对 RTA 的直接效果 Φ_1 的削弱程度 Φ_2，Φ_3 除了和模型参数 ε 进入模型的形式有关，和 RTA 导致双边贸易额增加进而导致了"多边阻力"的增加 $\frac{\partial EX_j}{\partial \tau_{jk}}$、$\frac{\partial EX_k}{\partial \tau_{jk}}$ 有关，还和一组重要变量有关，即：$(Y_j - EX_j)^{-1} EX_{jk}$，$(Y_k - EX_k)^{-1} EX_{jk}$。由 $Y_j - EX_j = M_j q_j - \sum_{k \neq j}^{N} M_j q_{jk} = M_j q_{jj}$ 可知，$(Y_j - EX_j)^{-1} EX_{jk}$ 代表了双边出口 EX_{jk} 占 j 国国内产品销售的比例。根据之前分析，这个比例越高，RTA 的直接效应 Φ_1 会更大，但同时削弱效应 Φ_2，Φ_3 也会更大。如果 j 国是出口导向型国家，其 $(Y_j - EX_j)$ 占总需求的比例本来就比较小，其将会受到更强的多边影响，RTA 的直接效应 Φ_1 也将被多边阻力 Φ_2，Φ_3 更大地削弱，这与利普西和萨默斯关于贸易效应影响因素的观点是一致的。

值得注意的是，为了分析的简便性，本书的 Φ_2 和 Φ_3 并未考虑 RTA

参与方之外的其他国家贸易的变动。实际上，根据之前分析，当参与方之间的贸易成本减少时，虽然 RTA 双方之间的贸易额 EX_{jk} 增加导致多边阻力 EX_j 增加了，但与此同时 EX_{jh} 经历了小幅度的下降，这又导致多边阻力 EX_j 减少了，这反过来削弱了"削弱效应"。

4.5　本章小结

本部分通过一个代表性企业模型来获得双边贸易的引力方程形式，并以此观察 RTA 对参与方和非参与方造成的不同影响。和安德森和温库普的研究不同，本章的多边阻力变量是可以观测的。该模型主要基于诺威的较为完备的一般均衡引力模型框架，但其关于不可贸易品的设置并不合理：在诺威的研究中，本地生产用于本地销售的产量和本国不可贸易品的产量总相同（根据两个部门的同质技术假设可以推导出）。本书对诺威模型进行了设定上的调整，取消对可贸易品企业和不可贸易品企业差异的设置，使模型中的代表性企业是同质的，并在第 6 章中用一个异质性企业引力模型作为对此处修改的补充和发展。但仍维持国际经济学中主流的垄断竞争（Krugman，1980）与冰山贸易成本假设（Samuelson，1954）。本章得出了一个可解析的多边阻力变量，并通过该模型分析了不同类型 RTA 对于参与方和非参与方的多边贸易影响。

通过一般均衡分析，引力方程式（4–34）、式（4–35）和之后的式（4–43）都以总出口的形式更加详细地刻画出了安德森和温库普的"多边阻力"，即双边贸易由双边壁垒和平均贸易壁垒的商决定。对于 RTA 参与方的出口而言，RTA 的签订将直接导致缔约国双边贸易流的增加，但同时又使代表多边阻力变量的总出口增加，这降低了多边阻力，进而削弱了该出口国的多边出口，即产生了贸易转移效应。同时这也对双边贸易流产生了一部分影响，但这部分影响小于贸易扩张，即之前提出的削弱效应。综合考虑这些效应将得出一国参与 RTA 的全面影响。

与安德森和温库普所提出的不可解析的多边阻力相比，总出口的获得无论从模型还是从经验数据上都更为直观。但采用总出口作为多边阻力变量存在另一个问题，即总出口也同时包含了所求的双边出口，这将导致此类引力模型本身就存在一个循环决定关系。这对于多边阻力变量的研究是有益的，但分析 RTA 对于出口的影响时会出现偏差。当分析对象国规模较小时，这种偏差是可以忽略的，因此本部分的模型更适用于小国情形。

第5章

基于世界市场多边阻力变量的
RTA多边效应分析

本章将提出另一个代表性企业模型。与上一章不同的是，本章的模型可以得出一个包含各国贸易成本的可解析多边阻力项。代表多边阻力的是包含 RTA 的参与方与非参与方在内的全部国家到所观察国家的双边贸易成本以及这些国家的经济规模。虽然这个线性组合的形式较为复杂，并不如上一部分得出的总出口模型简洁，但在进行比较静态时不必采用上一章的链式导数关系，即多边影响可以在一个一般均衡解里进行表现和分析。本章模型获得的引力方程在多边阻力项的可解析性上超越了安德森和温库普（2003）和诺威（2006）的模型，同时在偏好上沿用了这两个多边阻力引力模型的 CES 形式，但为了可解析性，不考虑一国之内的产品差异，关于这一点将在下一章的异质性引力模型进行扩展分析。但和上一部分相比，本模型生产技术上考虑了更为现实的非线性生产函数，同时在一般均衡分析时增加考虑了资本与土地市场。通过求解可以看出，生产技术的不同设定所得出的引力方程基本形式仍和之前的模型保持了一脉相承的关系，同时得出的可解析多边阻力变量有利于更准确地分析 RTA 多边效应。因此，本章模型不必再通过像上一章的一个整体多边阻力变量来间接分析 RTA 的多边贸易效应，而是直接通过多方贸易成本以及经济规模来观察 RTA 对参与方与非参与方的不同影响。另外，与第 4 章的模型不同，本部分的模型推导不必限定在小国范围，其得出的引力方程也包含了本国与出口目的地国家的经济规模，这使得模型包含了对国家规模的调整，因此更适用于大国情形。

5.1　模型设置与产品市场均衡

5.1.1　模型基本设置

鉴于迪斯米特和罗西—汉斯伯格（Desmet & Rossi-Hansberg，2014）模型在空间动态模拟中的成功，并得出了一般均衡，本章的工作将植根于该模型结构。但该文章通过一个偏微分方程先验地刻画了贸易现象，这是本书必须摒弃的。因此，本书借鉴安德森和温库普（2003）与诺威（2006）的建模思路，考虑一个静态的单一产业经济，并在消费者效用函数中区分了生产自国内的消费束与生产自国外仅具有横向差异的消费束，这保证了在迪斯米特和罗西—汉斯伯格（2014）模型框架下得出的均衡结果可以直接反映贸易状况。

整个经济由分布在 N 个国家的消费者组成，作为要素所有者的消费者拥有劳动与包含资本的土地。劳动可以在一个国家内自由流动，但不能跨国流动；土地本身不能流动，但其交换到的企业证券可以跨国家交易。各国家均有一单位包含资本的土地。国家 j 的消费者数量为 L_j，$j = 1，2，\cdots，N$，消费者总数为 $L = \sum_{j=1}^{N} L_j$。在期初，所有消费者平分所有国家的土地（由于存在跨国家证券市场，这样做是可行的。这个设定保证了各国家单个代理人的财富相同）。由于基本模型不涉及动态，不必考虑消费者的寿命问题。同时假设所有市场参与者在决策前均可对决策所需的变量水平进行理性预期。

5.1.2　消费者行为

由于劳动力不能跨国家流动，消费者将工作于居住地。消费者的效用源于来自国家内和国家外的具有横向差异的消费束（Anderson & van Wincoop, 2003），国家间消费束的替代弹性为常数。劳动力可以在国家内自由流动，因此同一国家的消费者效用水平相同，可以通过分析一个典型消费者的行为并进行加总来分析一个国家的消费者行为。

一方面，消费者将在劳动力市场花费他们的全部劳动获得工资，并持有各国家的企业证券组合，获得证券收益；另一方面，他们根据具有不变替代弹性 ε 的瞬时效用函数 $u_j(q_{jj}, q_{kj})$ 购买消费束（$\varepsilon > 1$）。其中 q_{jj}，q_{kj} 是国家 j 的单个消费者对消费束的消费量，q_{jj} 为国家 j 生产的用于本国单个消费者消费的消费束，q_{kj} 为国家 k 生产的用于国家 j 单个消费者消费的消费束。国家 j 的典型消费者问题由式（5-1）和式（5-2）给出。

$$\max_{q_{jj}, q_{kj}} \quad u_j = \Big(\sum_{k \neq j}^{N} q_{kj}^{\frac{\varepsilon-1}{\varepsilon}} + q_{jj}^{\frac{\varepsilon-1}{\varepsilon}} \Big)^{\frac{\varepsilon}{\varepsilon-1}} \tag{5-1}$$

$$\text{s. t.} \quad w_j + \frac{R}{L} = \sum_{k \neq j}^{N} p_{kj} q_{kj} + p_{jj} q_{jj} \tag{5-2}$$

对于国家 j 的每个消费者而言，p_{jj} 为生产于国家 j 的消费束的本地销售价格，p_{kj} 为生产于国家 k 的消费束在国家 j 的销售价格。w_j 为国家 j 的工资水平。R 是指所有国家的消费者持有的企业证券组合带来的总收益，因此有 $R = \sum_{j=1}^{N} R_j$，R_j 为位于国家 j 的企业证券为持有者带来的收益，这些持有者不一定来自国家 j。由于有价证券可以跨国家流动，为保证国家间资本市场无套利，每个消费者最终持有的证券投资组合收益均为 $\frac{R}{L}$。

$\varepsilon > 1$，为任意国家所生产的消费束之间的替代弹性。对比式（4-2）和式（5-1）可知，本章模型的偏好形式和上一章类似，但不考虑一国之内的产品横向差异。这是为了获得一个可解析的多边阻力引力方程。对比式（5-2）和式（4-7）可知，第 4 章和第 5 章的消费者收入设置是相同的，都是工资加上企业利润的再分配，和上一章不同的是，本章的利润分配通过资本和土地市场拍卖进行。

跨国家贸易将损耗产品。这种损耗来自包含运输成本、关税与非传统贸易壁垒的贸易成本，因此本研究将以价格增加的形式表现产品的贸易损耗（Rossi-Hansberg，2003）。和上一章类似，如果一单位任意产品从国家 k 出口到国家 j，将损耗掉 τ_{kj} 的比例，进而只有（$1-\tau_{kj}$）部分的产品到达出口目的地，显然有 $0 \leqslant \tau_{kj} \leqslant 1$。当国家 k 出口和国家 j 之间签订 RTA 时，两地的贸易成本 τ_{kj} 将会减少。

因此，国家 k 生产的用于国家 j 单个消费者消费的产品价格 p_{kj} 满足：

$$p_{kj} = \frac{p_{kk}}{1 - \tau_{kj}} \tag{5-3}$$

其中，p_{kk} 是 k 国的企业生产的贸易品的本地价格，进而 $\frac{p_{kk}}{1 - \tau_{kj}}$ 是 k 国的企业产品在 j 国交易的价格。显然，跨过贸易价格 p_{kj} 是本地价格 p_{kk} 被贸易成本放大到 $\frac{1}{1 - \tau_{kj}}$ 倍之后的结果。将式（5-3）代入式（5-2）有：

$$\text{s. t.} \quad w_j + \frac{R}{L} = \sum_{k \neq j}^{N} \frac{p_{kk} q_{kj}}{1 - \tau_{kj}} + p_{jj} q_{jj} \tag{5-4}$$

联立式（5-1）和式（5-4），对该最大化问题求解可得消费者问题的解：

$$q_{jj} = \frac{\left(w_j + \dfrac{R}{L} \right) p_{jj}^{-\varepsilon}}{\sum\limits_{k \neq j}^{N} \left(\dfrac{p_{kk}}{1 - \tau_{kj}} \right)^{1-\varepsilon} + p_{jj}^{1-\varepsilon}} \tag{5-5}$$

$$q_{kj} = \frac{\left(w_j + \dfrac{R}{L} \right) (1 - \tau_{kj})^{\varepsilon} p_{jj}^{-\varepsilon}}{\sum\limits_{k \neq j}^{N} \left(\dfrac{p_{kk}}{1 - \tau_{kj}} \right)^{1-\varepsilon} + p_{jj}^{1-\varepsilon}} \tag{5-6}$$

注意到式（5-5）、式（5-6）两式的分母为各国家的本地价格的（$1-\varepsilon$）次方的线性组合，认为这个线性组合为国家 j 面临的世界价格 P_j 的（$1-\varepsilon$）次方，该世界价格 P_j 由下式决定，有：

$$P_j = \left[\sum_{k \neq j}^{N} \left(\frac{p_{kk}}{1 - \tau_{kj}} \right)^{1-\varepsilon} + p_{jj}^{1-\varepsilon} \right]^{\frac{1}{1-\varepsilon}} \tag{5-7}$$

为简化分析，认为对于任意 p_{kk}，$k = 1, 2, \cdots, N$，P_j 均为常数

（Krugman，1991）。在国家数目较多时这样假设是合理的。在数值模拟的部分，本书设定各国家面临的世界价格均为1。

将式（5-7）代入消费者问题的解，有：

$$q_{jj} = \left(w_j + \frac{R}{L} \right) p_{jj}^{-\varepsilon} P_j^{\varepsilon-1} \qquad (5-8)$$

$$q_{kj} = \left(w_j + \frac{R}{L} \right) (1 - \tau_{kj})^{\varepsilon} p_{kk}^{-\varepsilon} P_j^{\varepsilon-1} \qquad (5-9)$$

值得注意的是这是个体需求，如果要得到一个国家对另一个国家的总体需求，需要对上式进行加总。

5.1.3 代表性企业行为

生产的投入要素有劳动和包含资本的土地。每个企业需要一单位土地来生产，这样设定保证了每个国家只有一个代表性企业。各国的潜在企业将在资本市场通过竞标的方式争夺生产所必需的土地。消费者将购买承诺收益最高的企业证券，并出售自己所有的土地。承诺收益最高的潜在企业将获得土地，同时向消费者交付按承诺收益的本企业证券。由于土地属于生产的必要条件，它不作为变量进入生产函数。

国家 j 的企业产量 Q_j 和生产成本 C_j 由式（5-10）和式（5-11）决定：

$$Q_j = A_j^{\gamma} l_j^{\mu} \qquad (5-10)$$

$$C_j = w_j l_j + R_j \qquad (5-11)$$

与上一章类似，A_j 为国家 j 的技术水平，本书的生产函数借鉴了迪斯米特和罗西—汉斯伯格（2014）的设定，一个国家的技术来自上一期其他国家的扩散与上一期本国家的技术。由于本书只考虑一期，并不考虑技术动态，技术要素将在期内不发生变化，同时企业获得 A_j 不必支付任何成本。l_j 为国家 j 生产所利用的劳动力，即劳动需求，此处小写是为了和劳动总人口区分。γ，μ 分别为技术和劳动力对生产的贡献程度。本书假设 $\gamma + \mu = 1$，以保证一般均衡的存在性（Desmet & Rossi-Hansberg，

2014）。w_j 为国家 j 的工资水平，R_j 为潜在企业为获得土地向持有该企业证券的消费者承诺的最高证券收益。值得注意的是，式（5-11）包含了土地与资本的成本 R_j，但式（5-10）并未出现土地与资本变量。这是由于式（5-10）存在的前提条件就是企业付出了土地与资本成本，只有获得至少一单位土地的企业才能进行生产，同时企业也无法获得多于一单位的土地，因此土地并不作为生产函数中的连续变量，而是其先决条件。所以企业必须在式（5-11）中付出这个成本。如果一定要式（5-10）和式（5-11）的变量——一对应，土地也可以进入生产函数，式（5-10）将变为：

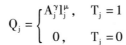

其中，T_j 代表国家 j 潜在企业获得（包含资本的）土地的情况，式（5-11）中的证券收益 R_j 为此处 T_j 的竞标价格。但实际上，本书后文中式（5-34）给出的零利润条件下的承诺证券收益将保证该潜在企业在土地竞标中获胜。因此上面的式子中不必考虑 $T_j = 0$ 的情况，也就不必出现 T_j，但被式（5-34）决定的证券收益 R_j 是一定要进入成本函数式（5-11）的，因为这是式（5-10）存在的必要条件。

企业会最大化利润，目标函数如下：

$$\pi_j = p_{jj}Q_j - C_j \tag{5-12}$$

国家 j 企业的出口产品价格高于 p_{jj}，但是高出的部分是用于支付贸易成本的，企业在每单位出口产品最终只获得 p_{jj} 的销售收入。

研究国家间的一般均衡需要每个国家的经济主体进行加总后分析，由于设定每个国家只有一个企业，本书在研究宏观均衡时只对消费者行为进行加总。由于国内劳动力自由流动，每个消费者的行为都将趋于相同。因此个体消费者问题的解可以扩展到一个国家的全体消费者：

$$S_j = L_j q_{jj} \tag{5-13}$$

$$X_{kj} = L_j q_{kj} \tag{5-14}$$

其中，S_j 为产品市场均衡时国家 j 生产的用于国家 i 消费的消费束总量，X_{kj} 为产品市场均衡时国家 k 生产的用于国家 j 消费的消费束总量，即国家 k 对国家 j 的产品出口量。

将式（5 – 13）和式（5 – 14）代入式（5 – 8）和式（5 – 9）有：

$$S_j = L_j\left(w_j + \frac{R}{L}\right)p_{jj}^{-\varepsilon}P_j^{\varepsilon-1} \tag{5-15}$$

$$X_{kj} = L_j\left(w_j + \frac{R}{L}\right)(1-\tau_{kj})^\varepsilon p_{kk}^{-\varepsilon}P_j^{\varepsilon-1} \tag{5-16}$$

同时，加总后的消费者问题限定条件式（5 – 4）将具有宏观含义有：

$$L_j\left(w_j + \frac{R}{L}\right) = \sum_{k\neq j}^{N} \frac{p_{kk}X_{kj}}{1-\tau_{kj}} + p_{jj}S_{jj} \tag{5-17}$$

式（5 – 17）左边代表国家 j 的总收入，右边代表国家 j 的总需求。这正好是国民生产总值 Y_j 的两种核算方式，可得：

$$Y_j = L_j\left(w_j + \frac{R}{L}\right) = \sum_{k\neq j}^{N} \frac{p_{kk}X_{kj}}{1-\tau_{kj}} + p_{jj}S_{jj} \tag{5-18}$$

式（5 – 18）表明，均衡时，Y_j 既是按总需求法计算的国家 j 的国内生产总值，也是按总收入法的计算结果。

将式（5 – 18）代入式（5 – 15）和式（5 – 16）可得：

$$S_j = Y_j p_{jj}^{-\varepsilon}P_j^{\varepsilon-1} \tag{5-19}$$

$$X_{kj} = Y_j(1-\tau_{kj})^\varepsilon p_{kk}^{-\varepsilon}P_j^{\varepsilon-1} \tag{5-20}$$

本书采用克鲁格曼关于就业的基本假设（Krugman，1980），均衡时，劳动力市场出清，因此在生产之前必须保证所有的劳动需求 l_j 等于一个国家的总劳动供给 L_j：

$$l_j = L_j \tag{5-21}$$

为保证一个国家的生产处于最大生产边界，联立式（5 – 10）与式（5 – 21），有：

$$l_j = (Q_j A_j^{-\gamma})^{\frac{1}{\mu}} = L_j \tag{5-22}$$

在产品市场均衡时，国家 j 的产品供给将等于国家 j 面临的产品需求，该需求包括本国家需求与其他国家需求，即：

$$Q_j = \left(S_j + \sum_{k \neq j}^{N} X_{jk}\right) \qquad (5-23)$$

其中，Q_j 为国家 j 在产品市场均衡时的总产量，$\left(S_j + \sum_{k \neq j}^{N} X_{jk}\right)$ 为国家 j 在产品市场均衡时的总需求量，X_{jk} 代表国家 j 对国家 k 的产品出口量，即国家 k 对国家 j 企业的产品需求。

5.1.4 产品市场均衡

根据式（5-10）、式（5-11）、式（5-12），产品市场均衡时，企业的利润函数 π_j 为：

$$\pi_j = p_{jj}Q_j - w_j l_j - R_j \qquad (5-24)$$

本书在产品市场均衡后再考虑要素市场，因此在求解产品市场的企业问题时 w_j，R_j 为常量。依次将式（5-21）、式（5-22）、式（5-23）代入式（5-24），可得：

$$\pi_j = p_{jj}\left(S_j + \sum_{k \neq j}^{N} X_{jk}\right) - w_j\left(S_j + \sum_{k \neq j}^{N} X_{jk}\right)^{\frac{1}{\mu}} A_j^{\frac{-\gamma}{\mu}} - R_j \qquad (5-25)$$

由于理性预期的消费者将根据企业的产品定价调整需求量，企业的定价决策和产量决策事实上是等价的。为便于分析贸易量，本书将采取价格作为产品市场企业问题的自变量。根据式（5-20），有：

$$X_{jk} = Y_k(1 - \tau_{jk})^{\varepsilon} p_{jj}^{-\varepsilon} P_k^{\varepsilon-1} \qquad (5-26)$$

将式（5-19）、式（5-26）代入式（5-25），可得企业的利润函数：

$$\pi_j = Y_j p_{jj}^{1-\varepsilon} P_j^{\varepsilon-1} + \sum_{k \neq j}^{N} Y_k(1 - \tau_{jk})^{\varepsilon} p_{jj}^{1-\varepsilon} P_k^{\varepsilon-1}$$

$$- w_j\left(Y_j p_{jj}^{-\varepsilon} P_j^{\varepsilon-1} + \sum_{k \neq j}^{N} Y_k(1 - \tau_{jk})^{\varepsilon} p_{jj}^{-\varepsilon} P_k^{\varepsilon-1}\right)^{\frac{1}{\mu}} A_j^{\frac{-\gamma}{\mu}} - R_j$$

$$(5-27)$$

为便于分析，考虑：

$$G_j = Y_j P_j^{\varepsilon-1} + \sum_{k \neq j}^{N} Y_k(1 - \tau_{jk})^{\varepsilon} P_k^{\varepsilon-1} \qquad (5-28)$$

从式（5-28）可以看出，该式右边为各国家国内生产总值（总需求法）的线性组合，因此认为 G_j 为国家 j 所面临的世界市场规模。由于 $\frac{\partial G_j}{\partial p_{jj}} = 0$，式（5-28）将使企业问题非常容易求解。将式（5-28）代入式（5-27）可得产品市场上的企业问题：

$$\max_{p_{jj}} \quad \pi_j = Y_j p_{jj}^{1-\varepsilon} G_j - w_j p_{jj}^{\frac{-\varepsilon}{\mu}} G_j^{\frac{1}{\mu}} A_j^{\frac{-\gamma}{\mu}} - R_j \qquad (5-29)$$

考虑 $\gamma + \mu_i = 1$，可得式（5-29）问题的解，即产品市场均衡结果：

$$p_{jj} = \left[\frac{w\varepsilon}{\mu(\varepsilon-1)} G_j^{\frac{\gamma}{\mu}} A_j^{\frac{-\gamma}{\mu}} \right]^{\frac{\mu}{\varepsilon\gamma + \mu}} \qquad (5-30)$$

5.2 要素市场均衡与一般均衡

5.2.1 劳动力市场均衡

企业在生产之前，除了考虑产品市场上的价格与产量问题，还会决定雇佣多少劳动力，结合式（5-10）、式（5-11）、式（5-12），可得出要素市场上的企业利润方程：

$$\pi_j = p_{jj} A_j^\gamma l_j^\mu - w_j l_j - R_j \qquad (5-31)$$

企业将选择雇佣多少劳动力来使式（5-31）最大化，可解得：

$$w_j = \mu p_{jj} A_j^\gamma l_j^{-\gamma} \qquad (5-32)$$

根据之前假定，在一般均衡时，劳动力市场将出清，因此将式（5-21）代入式（5-32）：

$$w_j = \mu p_{jj} A_j^\gamma L_j^{-\gamma} \qquad (5-33)$$

式（5-33）即劳动力市场均衡结果。

5.2.2 土地与资本市场均衡

企业在资本市场竞标包含资本的土地，最高价者获得土地并在这个位置来生产。因此企业为获得土地，将承诺给出最高的证券收益，这保证了企业的零利润。企业获得零利润的原因是由于企业和同样技术的潜在进入者竞争土地。这意味着如果企业有利润盈余，其证券收益就不足以使其在拍卖中获胜。

根据零利润条件与式（5-25），一般均衡时国家 i 的企业向该国家消费者支付的总证券收益如下：

$$R_j = p_{jj}\left(S_j + \sum_{k \neq j}^{N} X_{jk}\right) - w_j\left(S_j + \sum_{k \neq j}^{N} X_{jk}\right)^{\frac{1}{\mu}} A_j^{\frac{-\gamma}{\mu}} \qquad (5-34)$$

值得注意的是，式（5-34）所刻画的并非企业行为，而是受土地竞标规律决定的客观等式，决定式（5-34）的是一般均衡后的结果，而非企业自由选择，因此不能和其他企业行为方程进行联立进而求解一般均衡，只能在获得企业一般均衡解之后确定该式。当然，根据理性预期假设，潜在企业会在期初预期到该式的值。

5.2.3 一般均衡

一般均衡是企业和消费者在产品市场和要素市场最大化行为的共同结果，因此联立式（5-30）和式（5-33）可解得一般均衡时的工资水平与价格水平：

$$w_j = \mu\left(\frac{\varepsilon}{\varepsilon - 1}\right)^{\frac{\mu}{\varepsilon\gamma}} A_j^{\frac{\varepsilon\gamma - \gamma}{\varepsilon}} L_j^{\frac{-(\mu + \varepsilon\gamma)}{\varepsilon}} G_j^{\frac{1}{\varepsilon}} \qquad (5-35)$$

$$p_{jj} = \left[\left(\frac{\varepsilon}{\varepsilon - 1}\right)^{\frac{\mu + \varepsilon\gamma}{\varepsilon\gamma}} A_j^{\frac{-\gamma(\varepsilon\gamma + \mu)}{\varepsilon\mu}} L_j^{\frac{-(\mu + \varepsilon\gamma)}{\varepsilon}} G_j^{\frac{\varepsilon\gamma + \mu}{\varepsilon\mu}}\right]^{\frac{\mu}{\mu + \varepsilon\gamma}} \qquad (5-36)$$

将式（5-36）代入式（5-19）和式（5-26）可得一般均衡时国家 j 生产的用于本国家消费与出口到国家 k 的产品数量：

$$S_j = Y_j\left(\frac{\varepsilon}{\varepsilon - 1}\right)^{\frac{-\mu}{\gamma}} A_j^{\gamma} L_j^{\mu} G_j^{-1} P_j^{\varepsilon - 1} \qquad (5-37)$$

$$X_{jk} = Y_k (1 - \tau_{jk})^{\varepsilon}\left(\frac{\sigma}{\sigma - 1}\right)^{\frac{-\mu}{\gamma}} A_j^{\gamma} L_j^{\mu} G_j^{-1} P_j^{\varepsilon - 1} \qquad (5-38)$$

为分析贸易额，在式（5-38）代表的出口量 X_{jk} 两边都乘以国家 j 一般均衡时的国内价格 p_{jj}（因此此处的出口是以国家 k 的报告为准），可得一般均衡时国家 j 对国家 k 的出口额：

$$EX_{jk} = p_{jj}Y_k(1-\tau_{jk})^\varepsilon\left(\frac{\varepsilon}{\varepsilon-1}\right)^{-\mu}A_j^\gamma L_j^\mu G_j^{-1}P_k^{\varepsilon-1} \qquad (5-39)$$

5.3 引力方程与多边阻力变量

5.3.1 不考虑多边影响的引力模型

为得出引力模型的经典形式，需要在模型中找出代表国家经济规模的变量。如前文所述，根据式（5-18），本书得出了均衡时国家 j 国内生产总值的两种计算方法：

$$总收入法：Y_j = L_j\left(w_j + \frac{R}{L}\right) \qquad (5-40)$$

$$总需求法：Y_j = p_{jj}S_j + \sum_{k\neq j}^N p_{kj}X_{kj} \qquad (5-41)$$

结合式（5-4）、式（5-13）、式（5-14）可知这两种方法计算出的 GDP 是相等的。

而根据总生产法，国内生产总值等于该国家所生产的产品的总产值。通过总生产法计算的国家 j 的国内生产总值为：

$$总生产法：\dot{Y}_j = p_{jj}\left(S_j + \sum_{k\neq j}^N X_{jk}\right) = p_{jj}Q_j = p_{jj}A_j^\gamma l_j^\mu \qquad (5-42)$$

考虑到 $p_{jj}\sum_{k\neq j}^N X_{jk}$ 与 $\sum_{k\neq j}^N p_{kj}X_{kj}$ 分别为国家 j 报告的总出口额（以本地价格）和总进口额（以跨国贸易价格），对比式（5-41）、式（5-42）两式的差异可知，在单部门经济中，利用总生产法和总需求法核算的国家 j 国内生产总值的差异与国家 j 的国际收支平衡情况相关，即：

$$\dot{Y}_j = Y_j + \left(p_{jj}\sum_{k\neq j}^N X_{jk} - \sum_{k\neq j}^N p_{kj}X_{kj}\right) \qquad (5-43)$$

为便于分析，本书将在引力模型结果中消除这两种核算方法的差异项（$p_{jj}\sum_{k\neq j}^{N}X_{jk}-\sum_{k\neq j}^{N}p_{kj}X_{kj}$），这意味着国家 j 处于一种"严格的"国际收支平衡状态（即由国家 j 报告的总出口额和总进口额相等，此时的出口包含了贸易成本而进口没有包含）。此时，联立式（5 - 10）、式（5 - 23）、式（5 - 42）、式（5 - 43），有：

$$\dot{Y}_j = Y_j \tag{5-44}$$

将式（5 - 44）代入式（5 - 39），可得一般均衡与局部国际收支平衡时的国家 j 对国家 k 的出口额：

$$EX_{jk}=Y_jY_k(1-\tau_{jk})^\varepsilon\left(\frac{\varepsilon}{\varepsilon-1}\right)^{\frac{-\mu}{\gamma}}G_j^{-1}P_k^{\varepsilon-1} \tag{5-45}$$

该形式与经典的贸易模型形式完全一致，其自变量包括了 Y_j，Y_k，τ_{jk}，但多出了和多边阻力相联系的世界市场 G_j。在不考虑 G_j 与 Y_j，Y_k，τ_{jk} 的内在关系时，对式（5 - 45）求偏微分可得：

$$\frac{\partial EX_{jk}}{\partial Y_j}=\frac{EX_{jk}}{Y_j}>0 \tag{5-46}$$

$$\frac{\partial EX_{jk}}{\partial Y_k}=\frac{EX_{jk}}{Y_k}>0 \tag{5-47}$$

$$\frac{\partial EX_{jk}}{\partial \tau_{jk}}=\frac{-\varepsilon EX_{jk}}{(1-\tau_{jk})}<0 \tag{5-48}$$

可见，在不考虑世界市场时，该模型很好地契合了传统引力模型对贸易影响因素的论述。两国贸易额与两国经济规模正相关，与两国的贸易成本反相关。

5.3.2　世界市场多边阻力变量

显然，除了两国自身变量之外，贸易还会受到世界市场 G_j 的吸收，实际的两国间的贸易额并没有那么高。上一节并未打开世界市场这个"黑箱"。和物理学中的引力一样，宇宙中的两个星体的相互吸引，还会

区域贸易协定的多边效应——以 RCEP 合作为例

受到全宇宙所有星体对这两个星体的引力影响。即，存在三个或以上国家的引力模型应该是全局的而不是双边的，此时必须考虑 G_j 对贸易额的影响。安德森和温库普（2003）的研究中也提到了类似的观点，他们通过多边阻力变量体现单个区域面临的全局影响。但这种全局影响并不能被解析的表达，也不能单独观察一个具体的第三方区域的"引力"对双边贸易的影响。而第 4 章提出的总出口作为多边阻力变量形式又不具备简明的解析性，不能直接反映 RTA 对多边阻力的影响，世界市场作为多边阻力变量可以很好地克服这一点。

5.3.3 纳入多边阻力的引力模型

考虑世界市场对一国出口额的影响时，将式（5-28）代入式（5-45），即有全局视角下的国家 j 对国家 k 的出口额，为避免混淆，将式（5-28）中可以任意命名的 k 换为另一个字母 h：

$$EX_{jk} = Y_j Y_k (1 - \tau_{jk})^\varepsilon \left(\frac{\varepsilon}{\varepsilon - 1}\right)^{\frac{-\mu}{\gamma}} \left[Y_j P_j^{\varepsilon-1} + \sum_{h\neq j}^N Y_h (1 - \tau_{jh})^\varepsilon P_h^{\varepsilon-1} \right]^{-1} P_k^{\varepsilon-1}$$

$$(5-49)$$

式（5-49）为本部分研究的核心结论。可以看出，这与安德森和温库普、诺威以及上一章的模型结果相一致，一般均衡时，影响国家 j 对国家 k 的出口额的因素包括两个国家的国内生产总值 Y_j 和 Y_k 与两个国家之间的距离 τ_{jk}。但与这些研究不同的是，式（5-49）还通过一个解析的显函数表明出口国 j 与其他国家之间的距离 τ_{jh} 与其他国家经济规模 Y_h 对国家 j 对国家 k 的出口额的影响方式。

可见，本章的引力模型不再通过像上一章一样一个整体的多边阻力变量 EX_j 来间接分析 RTA 的多边贸易效应，而是打开多边阻力这个"黑箱"，直接通过多方贸易成本以及经济规模的组合 $Y_j P_j^{\varepsilon-1} + \sum_{h\neq j}^N Y_h (1 - \tau_{jh})^{-\varepsilon} P_h^{\varepsilon-1}$ 来观察 RTA 对参与方与非参与方的不同影响。这个多边影响变量并不像上一章提出的总出口 EX_j 那样包含 EX_{jk} 本身那样存在循环决定关系，因此在分析 RTA 的影响时不必采用第 4 章那样的链式求导和偏导数联立求解。

5.4 RTA 的多边效应

5.4.1 贸易自由化的多边效应

由于本章模型的设置比上一章容易解析，在模型设置中进行了一些简化，这使得式（5−49）并未体现进口方向的贸易成本对于出口的影响。因此在分析 RTA 的影响时，双边 RTA 的影响和单边对于出口方是一致的。而对于进口方，单边 RTA 没有影响。因此本部分将重点分析单边自由化的影响。

本书先来分析单边自由化的影响，即考虑一个非对称成本变动：j 国和 k 国签订了一个特殊的 RTA（例如单边优惠贸易安排），这导致 j 国对 k 国的出口成本 τ_{jk} 下降，但 k 国对 j 国的出口成本 τ_{kj} 也没有发生变化。或者说 k 国单方面降低了进口 j 国产品的壁垒。同时其他双边壁垒不会发生变化。根据式（5−49），这只会影响到 j 国对 k 国的出口额，而不会影响k 国对 j 国的出口额。这是由于和第 4 章的模型假设出入所致，本部分的另一个方向的贸易成本影响归入了 P_j 里，但在考虑双边自由化时结论是一致的。

对式（5−49）关于 τ_{kj} 求偏导数易得：

$$\frac{\partial EX_{jk}}{\partial \tau_{jk}} = \frac{-\varepsilon EX_{jk}}{(1-\tau_{jk})}\left[1 - \frac{Y_k(1-\tau_{jk})^\varepsilon P_k^{\varepsilon-1}}{Y_j P_j^{\varepsilon-1} + \sum_{h\neq j}^{N} Y_h(1-\tau_{jh})^\varepsilon P_h^{\varepsilon-1}}\right] < 0$$

$$(5-50)$$

可见，当 j 国和 k 国签订了一个单边 RTA 导致 j 国对 k 国的出口成本 τ_{jk} 下降时，j 国对 k 国的出口额会上升。这也会导致出口国的福利上升。

接下来观察出口参与方对于非 RTA 参与对象的出口变动。如 j 国对 h

国的出口，这个出口额将不会受到 τ_{jk} 的直接影响，但会由于 G_j 发生变化而受到影响。具体地，有：

$$\frac{\partial EX_{jh}}{\partial \tau_{jk}} = \frac{\varepsilon EX_{jh}}{(1 - \tau_{jh})} \times \frac{Y_h (1 - \tau_{jh})^{\varepsilon} P_h^{\varepsilon-1}}{Y_j P_j^{\varepsilon-1} + \sum\limits_{h \neq j}^{N} Y_h (1 - \tau_{jh})^{\varepsilon} P_h^{\varepsilon-1}} > 0 \quad (5-51)$$

这实质上代表了传统引力模型所不能单独反映的贸易转移效应。根据式（5-51），j 国和 k 国签订了一个单边 RTA 时，τ_{kj} 的下降将导致国家 j 对国家 h 的出口额的下降，结合式（5-50），此时国家 i 的出口产品将更多地销往国家 j。可见，单边自由化产生了有利于参与方的效应，对于非参与方也造成了净损失。由于出口厂商的利润最终仍以消费预算扩张的形式分配给了消费者，进而增加了消费者效用，主动自由化的国家和伙伴国会经历福利增加。

由于式（5-49）并未考虑其他方向的双边贸易成本，对于 RTA 非参与方之间的贸易流无法进行直接分析。但对于出口国视角的不同方向（RTA 的参与方与非参与方）出口的分析是完全的。

5.4.2 RTA 政策效果的影响因素

从 RTA 出口参与方视角来看，如果将式（5-50）中的括号展开，实际上就将 τ_{jk} 变化对 RTA 出口参与方的影响分成了两大部分，一部分是直接双边贸易成本下降带来的双边贸易增加，另一部分是由于双边出口额增加导致总出口增加反过来带来的双边贸易额的减少，有：

$$\frac{\partial EX_{jk}}{\partial \tau_{jk}} = \frac{-\varepsilon EX_{jk}}{(1 - \tau_{jk})} + \frac{\varepsilon EX_{jk}}{(1 - \tau_{jk})} \frac{Y_k (1 - \tau_{jk})^{\varepsilon} P_k^{\varepsilon-1}}{Y_j P_j^{\varepsilon-1} + \sum\limits_{h \neq j}^{N} Y_h (1 - \tau_{jh})^{\varepsilon} P_h^{\varepsilon-1}}$$

与第 4 章不同，此处只考虑来自出口国方面的影响。此处分别用 Φ_1，Φ_2 来代表这三个部分的影响程度，则有：

$$\Phi_1 = \left| \frac{-\varepsilon EX_{jk}}{(1 - \tau_{jk})} \right| \quad (5-52)$$

$$\Phi_2 = \left| \frac{\varepsilon EX_{jk}}{(1 - \tau_{jk})} \frac{Y_k (1 - \tau_{jk})^\varepsilon P_k^{\varepsilon-1}}{Y_j P_j^{\varepsilon-1} + \sum_{h \neq j}^N Y_h (1 - \tau_{jh})^\varepsilon P_h^{\varepsilon-1}} \right| \quad (5-53)$$

考虑正负号,将式(5-52)、式(5-53)代入式(5-50)可得:

$$\frac{\partial EX_{jk}}{\partial \tau_{jk}} = -(\Phi_1 - \Phi_2)$$

即 RTA 带来的参与双方双边贸易成本的下降所导致的双边贸易增加额 Φ_1 受到了由于出口国面临的多边阻力增加而导致的 Φ_2 带来的削弱。观察式(5-52)可知,RTA 的直接效果 Φ_1 除了与模型参数 ε 有关,还和双边原有成本 τ_{jk} 正相关,和双边原有贸易额 EX_{jk} 等比例正相关。前者说明 RTA 缔结之前如果双方的贸易成本很高,RTA 的效果将会更显著;后者则说明 RTA 缔结的效果和双方的原有贸易规模成正比,其对双边贸易的提高是比例性的。对比式(5-52)和式(4-50)可知,改变模型设置对于两个引力模型的主要贸易影响的结论并没有本质性影响。

观察式(5-53)则可知,对 RTA 的直接效果 Φ_1 的削弱程度 Φ_2 除了和模型参数 ε、双边原有成本 τ_{jk}、双边原有贸易额等影响 Φ_1 的变量有关,还和一个重要变量有关:$\dfrac{Y_k (1 - \tau_{jk})^\varepsilon P_k^{\varepsilon-1}}{Y_j P_j^{\varepsilon-1} + \sum_{h \neq j}^N Y_h (1 - \tau_{jh})^\varepsilon P_h^{\varepsilon-1}}$。类似第 4 章的式(4-51)和式(4-52),这个变量代表了一个份额,但不同的是,此处这个份额不是贸易额的份额,而是双边贸易成本的反相关函数 $(1 - \tau_{jk})^\varepsilon$ 被经济规模 Y_k 加权之后的份额。出口对象国经济规模越大,或到进口国的贸易成本越低,其产生的阻力就会越明显。实际上根据引力模型所刻画的关系,这和贸易额所占份额的影响方向是一致的,但采用贸易成本和经济规模来刻画"多边阻力"的影响要比上一章的总出口更具解析性。因为总出口包含了双边出口,第 4 章的引力模型实际上是关于双边出口的隐函数,而不是最终的解。

与第 4 章类似,这个加权贸易成本的比例越高,Φ_1 被 Φ_2 削弱的程度也会越大。如果 j 国是出口导向型国家,而且 k 国是其重要的贸易合作伙伴,那么这个双边贸易流将会受到更强的多边影响。值得注意的是,为了分析的简便性，本书并未考虑 RTA 参与方之外的其他国家贸易的变动。实际上，根据之前分析，当参与方之间的贸易成本减少时，虽然 RTA 双方之间的贸易额 EX_{jk} 增加导致多边阻力 EX_j 增加了，但与此同时 EX_{jh} 经历了小幅度的下降，这又导致多边阻力 EX_j 减少了，这反过来削弱了"削弱效应"。

5.5　本章小结

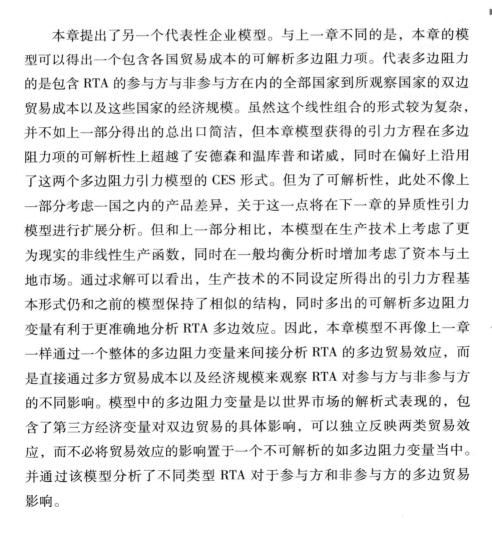

　　本章提出了另一个代表性企业模型。与上一章不同的是，本章的模型可以得出一个包含各国贸易成本的可解析多边阻力项。代表多边阻力的是包含 RTA 的参与方与非参与方在内的全部国家到所观察国家的双边贸易成本以及这些国家的经济规模。虽然这个线性组合的形式较为复杂，并不如上一部分得出的总出口简洁，但本章模型获得的引力方程在多边阻力项的可解析性上超越了安德森和温库普和诺威，同时在偏好上沿用了这两个多边阻力引力模型的 CES 形式。但为了可解析性，此处不像上一部分考虑一国之内的产品差异，关于这一点将在下一章的异质性引力模型进行扩展分析。但和上一部分相比，本模型在生产技术上考虑了更为现实的非线性生产函数，同时在一般均衡分析时增加考虑了资本与土地市场。通过求解可以看出，生产技术的不同设定所得出的引力方程基本形式仍和之前的模型保持了相似的结构，同时多出的可解析多边阻力变量有利于更准确地分析 RTA 多边效应。因此，本章模型不再像上一章一样通过一个整体的多边阻力变量来间接分析 RTA 的多边贸易效应，而是直接通过多方贸易成本以及经济规模来观察 RTA 对参与方与非参与方的不同影响。模型中的多边阻力变量是以世界市场的解析式表现的，包含了第三方经济变量对双边贸易的具体影响，可以独立反映两类贸易效应，而不必将贸易效应的影响置于一个不可解析的如多边阻力变量当中。并通过该模型分析了不同类型 RTA 对于参与方和非参与方的多边贸易影响。

值得注意的是，本章的引力模型不再像安德森和温库普一样通过一个整体的多边阻力变量来间接分析 RTA 的多边贸易效应，而是打开多边阻力这个"黑箱"，直接通过多方贸易成本以及经济规模的组合 $Y_j P_j^{\varepsilon-1} + \sum_{h \neq j}^{N} Y_h (1 - \tau_{jh})^{-\varepsilon} P_h^{\varepsilon-1}$ 来观察 RTA 对参与方与非参与方的不同影响。这个多边影响变量也不像上一章提出的总出口 EX_j 包含 EX_{jk} 本身那样存在循环决定关系，因此在分析 RTA 的影响时不必采用第 4 章的链式求导和偏导数联立求解。值得注意的是，在求解一般均衡时，本部分假设了出口国处于一种严格的国际收支平衡状态，此时国民经济核算的生产法与需求法结果一致。该假设显然是需要放松的，这也是下一步研究的目标。

与第 4 章的模型不同，本部分的模型推导不必限定在小国范围，其得出的引力方程也包含了本国与出口目的地国家的经济规模，因此更适用于大国情形。

6

基于距离矩阵多边阻力变量的
RTA多边效应分析

为了在分析中加入第 4 章和第 5 章的代表性企业模型所未涵盖的微观视角，本章节提出了一个异质企业的垄断竞争模型，用一个随机的生产率表现企业差异，并得出具备引力模型特征的均衡结果，来研究不同的贸易自由化政策的效应。本部分的模型基于梅里兹（Melitz，2003）著名的异质性企业理论奠基性文章，但在采用了奥塔维亚诺等（Ottaviano et al.，2002）、梅里兹和奥塔维亚诺（2008）的线性需求系统假设，这将更有利于讨论企业数量和生产率在区域一体化中的影响。通过将梅里兹和奥塔维亚诺（2008）的两国模型扩展到多国，区域贸易自由化中的多边影响将得以体现，同时这种影响还将扩展到一个市场的截断成本 $c_{D,j}$，进而得出比贸易量变动更为丰富的 RTA 对一国平均生产率、企业绩效等结论。关于截断成本的线性方程组可以很容易得出并被作为多边阻力变量的距离矩阵行列式，这使得分析多国问题被极大简化。

本模型的封闭经济版本和阿斯普朗德和诺克（Asplund & Nocke，2006）相关联，该文分析了动态封闭经济。本书的开放版本模型预测了双边贸易自由化的效应，其结果非常类似于梅里兹（2003）所强调的：RTA 带来的贸易壁垒的变动会强迫那些低生产率的企业退出，把国际市场份额重新分配给生产率更高的出口企业。本模型还解释了其他受贸易壁垒影响的变量对 RTA 的反应，如企业间的生产率分布、加价、价格。

多边和单边自由化的福利效应渠道在较早的新贸易理论文献中就曾被分析，这些文献强调代表性企业与不完全竞争，但是采用了非常差异化的模型结构。赫尔普曼和克鲁格曼（Helpman & Krugman，1985）通过一个垄断竞争与异质加价的模型，展示了贸易是如何导致有利竞争效应的。而马库森（Markusen，1981）标准化并强调了基于国内垄断市场势力减少的贸易有利竞争效应。该建模框架被维纳布尔斯（Venables，1985）和霍斯特曼和马库森（Horstmann & Markusen，1986）所扩展，增加考虑了自由进入且寡头垄断的情形（并保持了贸易品同质假设）。这些论文更加强调了自由进入是如何导致一个单方面自由化进口的国家的福利损失的。维纳布尔斯（1987）显示了这个效应也可以在一个垄断竞争产品差异与外生加价的模型中产生。梅里兹和奥塔维亚诺（2008）统一了全部上述福利影响渠道，得出了一个优良的模型框架，但其并未考虑贸易自由化的多国影响，这是难以满足区域一体化问题的研究要求的。本模型发展了一个多国开放经济版本，这样就能分析不同类型贸易自由化对其参与方与非参与方的全面影响。

本章首先给出了封闭经济模型和解。之后导出多国模型并研究了国际市场规模差异效应以及一个异质性企业假设下的多边引力方程，进而分析了多边和单边情形下的贸易自由化的多边影响。

6.1 封闭经济模型

6.1.1 偏好和消费者行为

设定该经济的 L 个消费者每人提供一单位劳动。偏好被一个序号为 $i \in \Omega$ 的差异化种类连续统所定义。一种同质产品被用作计价单位，所有消费者具有相同的效用函数：

$$U = q_o + \alpha \int_{i \in \Omega} q_i di - \frac{1}{2}\gamma \int_{i \in \Omega} (q_i)^2 di - \frac{1}{2}\eta \left(\int_{i \in \Omega} q_i di \right)^2 \quad (6-1)$$

其中，q_o 和 q_i 分别代表计价物和编号为 i 的差异化产品的个人消费水平。需求参数 α，γ，η 均为正。参数 α，η 决定了差异化产品和计价物的替代方式：α 增加或 η 下降都会使需求从计价物向差异化产品转移。参数 γ 决定了不同产品间的差异程度。考虑 $\gamma = 0$ 的极限情况时，消费者将只关心全部种类产品总和 $Q = \int_{i \in \Omega} q_i di$ 的消费，此时各类产品是完全替代的。产品差异程度 γ 会随着消费者对均匀消费各类产品的需要的增加而增加。且所有产品种类的边际效应存在界限。

本书假设消费者对计价物总有正需求（$q_o > 0$）。考虑消费预算线 $q_o + \int_{i \in \Omega} p_i q_i di = I$（注意到计价物价格 $p_0 = 1$），每种多样化产品的个体需求函数为：

$$p_i = \alpha - \gamma q_i - \eta Q \quad (6-2)$$

只要当 $q_i > 0$ 时。令 $\Omega^* \subset \Omega$ 为全部被消费的种类（每个的 $q_i > 0$）的子集（也就是市场上实际在销售的企业的集合）。方程（6-2）可以像梅里兹和奥塔维亚诺（2008）那样被转化为该类产品种类的线性市场需求系统：

$$p_i = \alpha - \gamma q_i - \eta Q$$

$$\Rightarrow \int_{i \in \Omega^*} p_i di = \alpha M - \gamma \int_{i \in \Omega^*} q_i di - \eta Q M$$

$$\Rightarrow M\bar{p} = \alpha M - \gamma Q - \eta Q M$$

则 $Q = \dfrac{\alpha M - M\bar{p}}{\gamma + \eta M}$，代回式（6-2），有：

$$q_i = \frac{\alpha}{\gamma + \eta M} - \frac{p_i}{\gamma} + \frac{\eta M}{\gamma + \eta M} \frac{1}{\gamma} \bar{p}$$

加总后可得整个市场对该种类产品的总需求：

$$q_i \equiv L q_i = \frac{\alpha L}{\eta M + \gamma} - \frac{L}{\gamma} p_i + \frac{\eta M}{\eta M + \gamma} \frac{L}{\gamma} \bar{p} , \quad \forall i \in \Omega^* \quad (6-3)$$

其中 M 是 Ω^* 内的差异化产品的消费量，$\bar{p} = \dfrac{\int_{i \in \Omega^*} p_i di}{M}$ 是 Ω^* 内差异化产品的平均价格。此时集合 Ω^* 是 Ω 内满足式（6-3）大于零的最大子集：

$$p_i \leqslant \frac{1}{\eta M + \gamma}(\alpha\gamma + \eta M \bar{p}) \equiv p_{max} \qquad (6-4)$$

其中，右侧价格上限 p_{max} 代表对多样化产品需求趋近于零时的价格。注意到式（6-2）隐含了 $p_{max} \leqslant \alpha$。与之前两章的模型的 CES 需求相反，此处的需求弹性 $\varepsilon_i \equiv \left| \left(\dfrac{\partial q_i}{\partial p_i} \right) \left(\dfrac{p_i}{q_i} \right) \right| = [(p_{max}/p_i) - 1]^{-1}$ 不仅仅被产品多样化水平 γ 决定。鉴于这一点，较低的平均价格 $\bar{p}$ 或较高的竞争产品数目 M 会导致价格上限 p_{max} 的下降与价格弹性 ε_i 的增加（对于任意给定的 p_i）。此处将这种变化认为是竞争环境变得"更激烈"。

而一国的福利可以用式（6-1）获得的间接效用函数（将效用最大化结果代回效用函数）来进行估计，有：

$$U = I + \frac{1}{2}\left(\eta + \frac{\gamma}{M} \right)^{-1}(\alpha - \bar{p})^2 + \frac{1}{2\gamma}M\sigma_p^2 \qquad (6-5)$$

其中，I^c 是消费者收入。$\sigma_p^2 = \dfrac{\int_{i \in \Omega^*}(p_i - \bar{p})^2 di}{M}$ 代表多样化产品价格的差异程度。并引入假设：

$$q_o = I - \int_{i \in \Omega} p_i q_i di > 0$$

即保证对计价物的正需求，此时 $I > \int_{i \in \Omega} p_i q_i di = Q\bar{p} - \dfrac{1}{\gamma}M\sigma_p^2$。福利自然而然会随着平均价格 $\bar{p}$ 的下降而增加。在平均价格不变时，福利也会随价格的方差 σ_p^2 的增加而增加，因为消费者此时得以重新最大化他们的购买结构：将支出转向低价的种类以及计价物。最后，这个需求系统存在"多样性偏好"：在保持价格分布不变时（即 $\bar{p}$ 和 σ_p^2 都不变时），福利会随着产品多样性 M 的增加而增加。

6.1.2　生产技术和企业行为

劳动是生产所需的唯一要素，且劳动由一个竞争的劳动力市场无弹性地供给。计价物在生产时单位成本规模报酬不变；劳动的市场也是竞争的。这些设置隐藏了一个单位工资假设。进入多样化产品部门需要付出成本，因为每个企业存在产品开发和启动生产的成本。每个多样化产品的持续生产规模报酬不变，边际成本为 c（等于单位劳动需求）。为了简化，本书不对任何其他生产成本建模。否则会显著增加模型的复杂性，且不产生任何学术价值。付出成本 c 所进行的研发会有不确定的产出，而企业只有在付出不可逆的进入投资 f_E 之后才能认识到这个成本水平。在本书的模型中，将从一个共同（且已知）的分布 G(c) 抽取这个成本，且考虑范围 $[0, c_M]$。因为进入成本"沉没"掉了，企业覆盖他们的边际成本就可以来生存和生产。所有其他企业退出该产业。存在的企业会通过需求式（6-3）来最大化他们的利润 $p_i q_i - q_i c$。这样做之后，给定竞争者连续统，一个企业将承担之前叙述的平均价格水平 $\bar{p}$ 和产品种类数目 N。单个企业的垄断竞争产出在求解后将满足个体供给函数 $q_i - \frac{1}{\gamma} p_i + \frac{1}{\gamma} c = 0$。

那么加总整个产业后，利润最大化时，成本为 c 的产品的价格 p(c) 和产出水平 q(c) 必须满足：

$$q(c) = \frac{L}{\gamma} [p(c) - c] \tag{6-6}$$

利润最大化时的产品价格 p（c）必须高于式（6-4）确定的价格上限 p_{max}，在价格为上限时企业会退出。令 c_D 代表一个企业零利润的截断成本，此时该企业是否退出产业是无差异的。这个企业将获得零利润，因为其价格低到了等于自己的生产成本：$p(c_D)|_{q=0} = c_D = p_{max}$；而其需求水平 $q(c_D) = 0$。本书假设 c_M 比 c_D 高出足够多，这样一些边际成本在这

两者之间的企业就会退出。所以成本为 $c < c_D$ 的企业获得正利润（包含进入成本）的企业会留在产业。截断成本 c_D 总结了平均价格和企业数目对于企业绩效的影响。令 $r(c) = p(c)q(c)$ 代表成本为 c 的产品的收益，$\pi(c) = r(c) - q(c)c$ 代表成本为 c 的产品的利润，$\mu(c) = p(c) - c$ 代表成本为 c 的产品的加价（markup）。联立式（6-4）与企业利润最大化条件，这些绩效指标都可以求解为仅用 c_D 和 c 来表示：

$$p(c) = \frac{1}{2}(c_D + c) \tag{6-7}$$

$$\mu(c) = \frac{1}{2}(c_D - c) \tag{6-8}$$

$$q(c) = \frac{L}{2\gamma}(c_D - c) \tag{6-9}$$

$$r(c) = \frac{L}{4\gamma}(c_D^2 - c^2) \tag{6-10}$$

$$\pi(c) = \frac{L}{4\gamma}(c_D - c)^2 \tag{6-11}$$

显而易见的是，成本 c 较低的企业价格更低，收益和利润更高。在梅里兹（2003）的研究中，这个成本 c 是区分进出口企业的关键，而本模型更关注现有进出口结构下贸易成本对这个结构的冲击。

6.1.3　自由进入均衡

在进入之前，企业的期望收益为 $\int_0^{c_D} \pi(c) dG(c) - f_E$。如果这个利润对所有 c 都是负的，就不会有企业进入这个产业。只要有些企业生产了，因为不限制新企业的进入（也就是说本模型考虑的是梅里兹和奥塔维亚诺（2008）的模型里的长期状况），期望收益就会趋近于零。这产生了自由进入均衡条件：

$$\int_0^{c_D} \pi(c) dG(c) = \frac{L}{4\gamma}\int_0^{c_D} (c_D - c)^2 dG(c) = f_E \tag{6-12}$$

自由进入条件式（6-12）决定了截断成本 c_D。这个截断成本又反过

区域贸易协定的多边效应——以RCEP合作为例

来决定了加总存活企业种类，因为 $c_D = p(c_D)$ 还必须等于式（6-4）中的价格上限 p_{max}，有：

$$c_D = \frac{1}{\eta M + \gamma}(\alpha\gamma + \eta M \bar{p})$$

考虑 $\bar{p} = \dfrac{\int_{i \in \Omega^*} p_i di}{M}$，$p(c) = \dfrac{1}{2}(c_D + c)$，有：

$$\bar{p} = \frac{1}{2}\frac{\int_{i \in \Omega^*}(c_D + c_i)di}{M} = \frac{1}{2}\left(c_D + \frac{\int_{i \in \Omega^*}c_i di}{M}\right)$$

$$= \frac{1}{2}(c_D + \bar{c})$$

代入上式可以产生零利润条件：

$$M = \frac{2\gamma}{\eta}\frac{\alpha - c_D}{c_D - \bar{c}} \tag{6-13}$$

注意到集合 Ω 和 Ω^* 含义的区别，可知在考虑具体分布之后，应有

$\int_0^{c_D} c dG(c) = \dfrac{\int_{i \in \Omega^*}c_i di}{M_E}$，即全部存活企业的成本期望值应等于被使用的产品的总成本（而不是所有潜在产品）除以进入企业总数的平均值。

其中进入者总数目 $M_E = M/G(c_D)$，即存活企业数等于全部进入者数目乘以进入者抽取的成本在截断成本以下概率。那么在式（6-13）中，

$\bar{c} = \dfrac{\int_{i \in \Omega^*}c_i di}{M} = \dfrac{\int_0^{c_D} c dG(c)}{G(c_D)}$ 为存活企业的平均成本。

6.1.4 生产率的概率分布

截至目前，所有的结果都对任何成本分布 $G(c)$ 成立。但是为了简化随后的分析，本书把这个分布具体化。特别地，本书假设生产率 $1/c$ 服从帕累托分布，其生产率下限为 $1/c_M$，形状参数 $k \geq 1$。这可以得出一个企业边际成本 c 的分布。

$$G(c) = \left(\frac{c}{c_M}\right)^k, c \in [0, c_M] \qquad (6-14)$$

其中，形状参数 k 表明了成本抽取结果的分散程度。当 $k=1$ 时，成本分布将是 $[0, c_M]$ 上的均匀分布；当 k 增加时，高成本企业的数目会增加，此时成本分布将会集中在这些高水平的成本上；当 k 趋于无穷大时，随机分布将会退化为非随机的常函数 c_M。该分布从任意点向上截断的结果仍是形状参数为 k 的相同分布。那么，幸存的企业的生产率分布将仍为形状参数为 k 的帕累托分布，那么截断成本分布将为：

$$G_D(c) = P(X < c | X < c_D) = \frac{P(X < c) \times 1}{P(X < c_D)} = \frac{\left(\frac{c}{c_M}\right)^k}{\left(\frac{c_D}{c_M}\right)^k} = \left(\frac{c}{c_D}\right)^k, \ c \in [0, c_D]$$

当成本服从帕累托分布时，将式（6-14）代入式（6-12），可得截断成本 c_D 的自由进入条件为：

$$c_D^{k+2} = \frac{\gamma 2(k+1)(k+2) c_M^k f_E}{L} \qquad (6-15)$$

为保证 $c_D < c_M$，需要沿用梅里兹和奥塔维亚诺（2008）的假设：

$$\sqrt{\frac{\gamma 2(k+1)(k+2) f_E}{L}} < c_M$$

那么存活企业数量将被式（6-13）决定：

$$M = \frac{2(k+1)\gamma\alpha - c_D}{\eta \quad c_D} \qquad (6-16)$$

这个具体的成本分布形式还将产生一些简单的推论，即关于企业层面的平均绩效指标式（6-7）~式（6-11）现在可以推广为整个产业的平均水平：

$$\bar{c} = \frac{k}{k+1} c_D, \ \bar{q} = \frac{L}{2\gamma} \frac{k}{k+1} c_D = \frac{(k+2) c_M^k}{c_D^{k+1}} f_E,$$

$$\bar{p} = \frac{2k+1}{2k+2} c_D, \ \bar{r} = \frac{L}{2\gamma} \frac{k}{k+2} c_D^2 = \frac{(k+1) c_M^k}{c_D^k} f_E$$

$$\bar{\mu} = \frac{1}{2} \frac{1}{k+1} c_D, \ \bar{\pi} = \frac{c_M^k}{c_D^k} f_E$$

由于截断成本 c_D 完全总结了价格和其他企业绩效指标的分布，这也唯一决定了式（6-5）的福利：

$$U = 1 + \frac{1}{2\eta}(\alpha - c_D)\left(\alpha - \frac{k+1}{k+2}c_D\right) \qquad (6-17)$$

福利会随着截断成本 c_D 的下降而上升，这是因为后者会导致产品种类 M 上升，同时导致平均价格 $\bar{p}$ 的下降。在开展国际贸易之后，如果不考虑贸易成本（即假设此时各国完全一体化），贸易带来的更大的市场会导致更激烈的竞争（更低的截断成本 c_D），这将导致更高的生产率和更低的平均价格。

6.2 开放经济模型

在上一部分，本书利用了一个封闭经济模型刻画了在存在生产率随机分布的市场中经济变量是如何相互影响的。这个封闭经济模型可以直接应用于一组处于高度一体化状态的开放经济里。在这种情形下，从国内生产到自由贸易仅相当于市场规模的增加，这将导致平均生产率和产品多样性的增加以及平均加价的下降。但是当产品未能完全进行自由贸易的时候（事实上至少运输成本不能忽略），封闭经济情形不可以直接扩展到开放经济。为了理解这些市场间的联系，本部分将把之前封闭经济版本的模型扩展到多国范围，并得出一个多国版本的引力方程。

本模型可以直接扩展到任意数量国家及不对称成本，并纳入比较优势。令 N 表示国家数量，国家序号 j = 1，2，…，N，并各自拥有 L_j 数量的消费者。所以国家的消费者具有相同的偏好，这导致相同的反需求方程（6-2）。虽然国家间市场是分割的，但产品可以在一个地方生产并在另一个地方销售，这将产生贸易成本。和前两章类似，此处认为这种贸易成本是冰山型的，即国家 j 出口到国家 h 的具有成本 c 的物品的运输后成本为 $\frac{c}{1-\tau_{jh}}$（出口目的地国家本应用字母 k 表示，此处为了和生产率的分布参数 k 相区别，采用字母 h 表示），这是因为如果一单位任意产品从国家 j 出口到国家 h，将损耗掉 τ_{jh} 的比例，进而只有（$1-\tau_{jh}$）部分的产品到达出口目的地。其中 $0 \leqslant \tau_{jh} \leqslant 1$，故 $\dfrac{1}{1-\tau_{jh}} \geqslant 1$（当且仅当 j = h 时 $\tau_{jh} =$ 0）。这样，本书允许国家之间存在两个有差异的变量：市场规模 L_j 和贸易壁垒 τ_{jh}，这是构成引力模型的核心变量。

令 $p_{j,max}$ 表示国家 j 中使产品需求为正的价格门限。那么根据式（6-4）可得：

$$p_j = \frac{1}{\eta N_j + \gamma}(\alpha\gamma + \eta N_j \bar{p}_j) \qquad (6-18)$$

其中，N_j 是在国家 j 内销售产品的企业总数目（当然也包括了国外出口者），$\bar{p}_j$ 是国家 j 的平均价格（综合本地和国外出口者的平均价格）。令 $p_{D,j}(c)$ 和 $q_{D,j}(c)$ 代表国家 j 内生产的企业 c 的最大化利润时价格水平与销售量。这样一个 j 国企业也会决定生产一些产出 $q_{X,jh}(c)$ 来出口到 h 国，并要求一个运输后的价格 $p_{X,jh}(c)$，其中 $h \neq j$。

由于市场是分割的，且企业规模报酬不变，企业会独立地最大化来自国内和国外的利润。令 $\pi_{D,j}(c) = [p_{D,j}(c) - c]q_{D,j}(c)$ 和 $\pi_{X,jh}(c) = \left[p_{X,jh}(c) - \dfrac{c}{1-\tau_{jh}}\right]q_{X,jh}(c)$ 代表最大化后的企业在世界全部 M 个市场的利润（作为企业边际成本 c 的函数），其中 $h \neq j$。类似于式（6-6），利润最大化价格和产出水平两个变量应当满足如下关系：$q_{D,j}(c) = \dfrac{L_j}{\gamma}[p_{D,j}(c) - c]$；$q_{X,jh}(c) = \dfrac{L_h}{\gamma}\left[p_{X,jh}(c) - \dfrac{c}{1-\tau_{jh}}\right]$。和封闭经济模型一样，无论出口市场还是国内市场，只有能获得非负利润的企业会选择在该市场销售产品。这将导致一个类似于封闭模型的企业在某个市场进行销售的截断成本确定公式。令 $c_{D,j}$ 表示企业在本地市场不亏损销售的成本上限，令 $c_{X,jh}$ 表示 j 国出口企业出口销售到 h 国不产生亏损的成本上限。这些截断水平必须满足：

$$c_{D,j} = \sup\{c : \pi_{D,j}(c) > 0\} = p_{max,j},$$

$$c_{X,jh} = \sup\{c : \pi_{X,jh}(c) > 0\} = p_{\max,h}(1 - \tau_{jh}) \qquad (6-19)$$

这意味着 $c_{X,hj} = c_{D,j}(1 - \tau_{hj})$：贸易壁垒会使出口者相对于其本地生产者更难"脱颖而出"。

和封闭经济模型一样，截断成本水平总结了关于企业绩效。尤其是最优价格和产出水平可以写作截断水平 $c_{D,j}$ 和 $c_{X,jh}$ 的函数：

$$p_{D,j}(c) = \frac{c_{D,j} + c}{2}, q_{D,j}(c) = \frac{L_j}{2\gamma}(c_{D,j} - c), p_{X,jh}(c) = \frac{c_{X,jh} + c}{2(1 - \tau_{jh})}$$

$$q_{X,jh}(c) = \frac{L_h \tau_{jh}}{2\gamma}(c_{X,jh} - c) \qquad (6-20)$$

这将产生以下的最大化利润水平：

$$\pi_{D,j}(c) = \frac{L_j}{4\gamma}(c_{D,j} - c)^2$$

$$\pi_{X,jh}(c) = \frac{L_h}{4\gamma(1 - \tau_{jh})^2}(c_{X,jh} - c)^2 \qquad (6-21)$$

6.2.1　开放经济下的自由进入均衡

两国不限制进入，企业会选择一个更有利的国家来进入并支付沉没进入成本。为聚焦区域一体化带来的贸易成本差异的效应，本书假设企业共享同样的技术结构：进入成本 f_E 和成本分布 $G(c)$。j 国国内企业的自由进入条件意味着均衡时具有零期望利润，即：

$$\int_0^{c_{D,j}} \pi_{D,j}(c) dG(c) + \sum_{h \neq j}^N \int_0^{c_{X,jh}} \pi_{X,jh}(c) dG(c) = f_E$$

在这里继续保持两国的成本帕累托分布假设（6-14），考虑式（6-21），则上面的自由进入条件可以被改写为：

$$L_j(c_{D,j})^{k+2} + \sum_{h \neq j}^N L_h(1 - \tau_{jh})^{-2}(c_{X,jh})^{k+2} = \gamma\phi \qquad (6-22)$$

其中，$\phi \equiv 2(k+2)(k+1)f_E c_M^k$ 为一个技术参数，综合了成本分布和进入成本。

这个自由进入条件会一直保持，直到存在一批国内进入者（数目为

$N_{E,j} > 0$）进入国家 j。否则 $\int_0^{c_{D,j}} \pi_{D,j}(c)dG(c) + \sum_{h \neq j}^N \int_0^{c_{X,jh}} \pi_{X,jh}(c)dG(c) <$

f_E，$N_{E,j} = 0$，此时国家 j 专门生产计价物，本书排除这个情形，集中分析各生产差异化产品以及 $N_{E,j} > 0$（$j = 1, 2, \cdots, N$）的情形。那么，由于 $c_{X,jh} = c_{D,h}(1 - \tau_{jh})$，自由进入条件式（6-22）又可改写为：

$$L_j(c_{D,j})^{k+2} + \sum_{h \neq j}^N L_h \rho_{jh}(c_{D,h})^{k+2} = \gamma \phi, l, h = 1, 2, \cdots, M \text{ 且 } h \neq l$$

在这里，本书令 $\rho_{jh} = (1 - \tau_{jh})^k$ 代表从 j 到 h 两国之间的贸易自由度。以上这个线性系统可以通过各国截断成本水平来求解。上式可具体改写为：

$$\begin{cases} L_1(c_{D,1})^{k+2} + L_2 \rho_{12}(c_{D,2})^{k+2} + \cdots + L_N \rho_{1N}(c_{D,N})^{k+2} = \gamma \phi \\ L_1 \rho_{21}(c_{D,1})^{k+2} + L_2(c_{D,2})^{k+2} + \cdots + L_N \rho_{2N}(c_{D,N})^{k+2} = \gamma \phi \\ \qquad\qquad\qquad\qquad \cdots \\ L_1 \rho_{N1}(c_{D,1})^{k+2} + L_2 \rho_{N2}(c_{D,2})^{k+2} + \cdots + L_N(c_{D,N})^{k+2} = \gamma \phi \end{cases}$$

即：

$$\begin{bmatrix} L_1 & L_2 \rho_{12} & \cdots & L_N \rho_{1N} \\ L_1 \rho_{21} & L_2 & \cdots & L_N \rho_{2N} \\ \cdots & \cdots & \cdots & \cdots \\ L_1 \rho_{N1} & L_2 \rho_{N2} & \cdots & L_N \end{bmatrix} \begin{bmatrix} (c_{D,1})^{k+2} \\ (c_{D,2})^{k+2} \\ \cdots \\ (c_{D,N})^{k+2} \end{bmatrix} = \begin{bmatrix} \gamma \phi \\ \gamma \phi \\ \cdots \\ \gamma \phi \end{bmatrix}$$

利用克莱默法则：

$$(c_{D,j})^{k+2} = \frac{\begin{vmatrix} L_1 & L_2 \rho_{12} & \cdots & L_{j-1} \rho_{1,j-1} & \gamma \phi & L_{j+1} \rho_{1,j+1} & \cdots & L_N \rho_{1N} \\ L_1 \rho_{21} & L_2 & \cdots & L_{j-1} \rho_{2,j-1} & \gamma \phi & L_{j+1} \rho_{2,j+1} & \cdots & L_N \rho_{2N} \\ \cdots & \cdots & \cdots & \cdots & \cdots & \cdots & \cdots & \cdots \\ L_1 \rho_{N1} & L_2 \rho_{N2} & \cdots & L_{j-1} \rho_{N,j-1} & \gamma \phi & L_{j+1} \rho_{N,j+1} & \cdots & L_N \end{vmatrix}}{\begin{vmatrix} L_1 & L_2 \rho_{12} & \cdots & L_N \rho_{1N} \\ L_1 \rho_{21} & L_2 & \cdots & L_N \rho_{2N} \\ \cdots & \cdots & \cdots & \cdots \\ L_1 \rho_{N1} & L_2 \rho_{N2} & \cdots & L_N \end{vmatrix}}$$

$$= \frac{\gamma\phi}{L_j} \frac{\begin{vmatrix} 1 & \rho_{12} & \cdots & \rho_{1,j-1} & 1 & \rho_{1,j+1} & \cdots & \rho_{1N} \\ \rho_{21} & 1 & \cdots & \rho_{2,j-1} & 1 & \rho_{2,j+1} & \cdots & \rho_{2N} \\ \cdots & \cdots & \cdots & \cdots & \cdots & \cdots & \cdots & \cdots \\ \rho_{N1} & \rho_{N2} & \cdots & \rho_{N,j-1} & 1 & \rho_{N,j+1} & \cdots & 1 \end{vmatrix}}{\begin{vmatrix} 1 & \rho_{12} & \cdots & \rho_{1N} \\ \rho_{21} & 1 & \cdots & \rho_{2N} \\ \cdots & \cdots & \cdots & \cdots \\ \rho_{N1} & \rho_{N2} & \cdots & 1 \end{vmatrix}}$$

分子分母按第 j 列拉普拉斯展开：

$$(c_{D,j})^{k+2} = \frac{\gamma\phi}{L_j} \frac{\sum_{q=1}^{N} C_{qj}}{|\mathbf{P}|} = \frac{\gamma\phi}{L_j} \frac{\sum_{q=1}^{N} C_{qj}}{\sum_{q=1}^{N} \rho_{qj} C_{qj}} ,j = 1,2,\cdots,N$$

其中，$\mathbf{P} = \begin{bmatrix} 1 & \rho_{12} & \cdots & \rho_{1N} \\ \rho_{21} & 1 & \cdots & \rho_{2N} \\ \cdots & \cdots & \cdots & \cdots \\ \rho_{N1} & \rho_{N2} & \cdots & 1 \end{bmatrix}$ 为各国双边贸易壁垒矩阵。C_{qj} 为 $\mathbf{P}$ 第 q 行

第 j 列的代数余子式。有些文献中也称 C_{qj} 为余子式，无论名称是哪一个，此处的 C_{qj} 都指拉普拉斯展开的项，即包含了一个系数 $(-1)^{q+j}$。

上式变形即开放经济下各国的零利润截断成本：

$$c_{D,j} = \left(\frac{\gamma\phi}{L_j} \frac{\sum_{q=1}^{N} C_{qj}}{\sum_{q=1}^{N} \rho_{qj} C_{qj}} \right)^{1/(k+2)} ,j = 1,2,\cdots,N \qquad (6-23)$$

可以看出，在开放经济下，一国的均衡截断成本 $c_{D,j}$ 不光由一国规模 L_j、偏好类型 γ 和技术 ϕ 决定，还将受到开放经济下的全部双边壁垒 ρ 的影响。

6.2.2 价格、产品多样性和福利

j 国的价格同时反映在 j 国本企业价格 $p_{D,j}(c)$ 和 $N-1$ 个外国的出口企业价格 $p_{X,hj}(c)(h \neq j)$ 上。利用式（6-19）和式（6-20），这些价格可以被写作：

$$p_{D,j}(c) = \frac{p_{max,j} + c}{2}, c \in [0, c_{D,j}]$$

$$p_{X,hj}(c) = \frac{p_{max,j} + (1 - \tau_{hj})^{-1}c}{2}, c \in [0, c_{D,j}(1 - \tau_{hj})], h \neq j$$

其中，$p_{max,j}$ 是式（6-18）所定义的价格门限。考虑 $c_{X,hj} = c_{D,j}(1 - \tau_{hj})$，国内企业的成本 $c \in [0, c_{D,j}]$ 和出口者的运输后成本 $c \in [0, c_{D,j}(1 - \tau_{hj})]$ 在此时具有相同的分布，为 $G_j(c) = (c/c_{D,j})^k$。j 国国内企业的价格 $p_{D,j}(c)$ 分布和出口企业的价格 $p_{X,hj}(c)$ 分布因此也就相等。类似于封闭经济模型，j 国的平均价格则为：$\bar{p}_j = \frac{2k+1}{2k+2}c_{D,j}$。

结合上式与式（6-18）的门限价格可以决定在 l 国销售的企业总数量：

$$M_j = \frac{2(k+1)}{\eta} \frac{\gamma \alpha - c_{D,j}}{c_{D,j}} \qquad (6-24)$$

这些关于产品多样性和平均价格的结果和封闭经济情形是相同的。这是因为国内企业和出口企业在该市场的价格分布是相同的，但根据式（6-23），此时 $c_{D,j}$ 将受到区域一体化的影响（通过距离矩阵）。这样，j 国的福利可以用类似式（6-17）的方式得到：

$$U_j = 1 + \frac{1}{2\eta}(\alpha - c_{D,j})\left(\alpha - \frac{k+1}{k+2}c_{D,j}\right) \qquad (6-25)$$

类似地，福利关于国内截断成本水平 $c_{D,j}$ 单调变化。截断成本更低的国家价格水平更低、产品多样性更强、福利水平更高。

6.2.3　进入者、生产者、出口者的数目

在 l 国销售的销售者的数目（同时也代表了产品多样性）包含了国内生产者和 N－1 个外国的出口者。给定各国均有一个正的进入者数量，则国内生产者有 $G(c_{D,j})M_{E,j}$ 个，而在 h 国生产并出口到 j 国的出口者有 $G(c_{X,hj})M_{E,h}$ 个。这 N 个数同时满足：

$$G(c_{D,j})M_{E,j} + \sum_{h \neq j}^{N} G(c_{X,hj})M_{E,h} = M_j, j = 1, 2, \cdots, N$$

这个条件（在所有国家都分别满足）可以用各国的进入者数量来求解，具体改写为：

$$\begin{cases} G(c_{D,1})M_{E,1} + G(c_{X,21})M_{E,2} + \cdots + G(c_{X,N1})M_{E,N} = M_1 \\ G(c_{X,12})M_{E,1} + G(c_{D,2})M_{E,2} + \cdots + G(c_{X,N2})M_{E,N} = M_2 \\ \cdots \\ G(c_{X,1N})M_{E,1} + G(c_{X,2N})M_{E,2} + \cdots + G(c_{D,N})M_{E,N} = M_N \end{cases}$$

即：

$$\begin{bmatrix} G(c_{D,1}) & G(c_{X,21}) & \cdots & G(c_{X,N1}) \\ G(c_{X,12}) & G(c_{D,2}) & \cdots & G(c_{X,N2}) \\ \cdots & \cdots & \cdots & \cdots \\ G(c_{X,1N}) & G(c_{X,2N}) & \cdots & G(c_{D,N}) \end{bmatrix} \begin{bmatrix} M_{E,1} \\ M_{E,2} \\ \cdots \\ M_{E,N} \end{bmatrix} = \begin{bmatrix} M_1 \\ M_2 \\ \cdots \\ M_N \end{bmatrix}$$

考虑帕累托分布假设，以及 $c_{X,jh} = c_{D,h}(1 - \tau_{jh}) = c_{D,h}(\rho_{jh})^{1/k}$，可变为：

$$\frac{1}{(c_M)^k} \begin{bmatrix} (c_{D,1})^k & \rho_{21}(c_{D,1})^k & \cdots & \rho_{N1}(c_{D,1})^k \\ \rho_{12}(c_{D,2})^k & (c_{D,2})^k & \cdots & \rho_{N2}(c_{D,2})^k \\ \cdots & \cdots & \cdots & \cdots \\ \rho_{1N}(c_{D,N})^k & \rho_{2N}(c_{D,N})^k & \cdots & (c_{D,N})^k \end{bmatrix} \begin{bmatrix} M_{E,1} \\ M_{E,2} \\ \cdots \\ M_{E,N} \end{bmatrix} = \begin{bmatrix} M_1 \\ M_2 \\ \cdots \\ M_N \end{bmatrix}$$

利用克莱默法则并化简：

$$M_{E,j} = (c_M)^k \frac{\begin{vmatrix} 1 & \rho_{21} & \cdots & \rho_{j-1,1} & \dfrac{M_1}{(c_{D,1})^k} & \rho_{j+1,1} & \cdots & \rho_{N1} \\ \rho_{12} & 1 & \cdots & \rho_{j-1,2} & \dfrac{M_2}{(c_{D,2})^k} & \rho_{j+1,2} & \cdots & \rho_{N2} \\ \cdots & & & & & & & \\ \rho_{1N} & \rho_{2N} & \cdots & \rho_{j-1,N} & \dfrac{M_N}{(c_{D,N})^k} & \rho_{j+1,N} & \cdots & 1 \end{vmatrix}}{\begin{vmatrix} 1 & \rho_{21} & \cdots & \rho_{N1} \\ \rho_{12} & 1 & \cdots & \rho_{N2} \\ \cdots & \cdots & \cdots & \cdots \\ \rho_{1N} & \rho_{2N} & \cdots & 1 \end{vmatrix}}$$

分子按第 j 列拉普拉斯展开:

$$M_{E,j} = \frac{(c_M)^k}{|\mathbf{P}^T|} \sum_{p=1}^N \frac{M_p C'_{pj}}{(c_{D,p})^k}, j = 1,2,\cdots,N$$

其中,C'_{pj} 为 $\mathbf{P}$ 的转置矩阵 $\mathbf{P}^T$ 的第 p 行第 j 列的代数余子式,那么在数值上有 $C'_{pj} = C_{jp}$。将式(6-24)代入则有:

$$M_{E,j} = \frac{2(k+1)\gamma(c_M)^k}{\eta|\mathbf{P}|} \sum_{p=1}^N \frac{\alpha - c_{D,p}}{(c_{D,p})^{k+1}} C_{jp}$$

$$= \frac{2(k+1)\gamma(c_M)^k}{\eta} \frac{\sum_{p=1}^N \dfrac{\alpha - c_{D,p}}{(c_{D,p})^{k+1}} C_{jp}}{\sum_{p=1}^N \rho_{jp} C_{jp}}, j = 1,2,\cdots,N \quad (6-26)$$

进一步考虑 $c_{D,j} = \left(\dfrac{\gamma\phi}{L_j|\mathbf{P}|} \sum_{q=1}^N C_{qj} \right)^{1/(k+2)}$,可以看出 $M_{E,j}$ 和各国经济规模 L_p 的关系:

$$M_{E,j} = \frac{2(k+1)(c_M)^k}{\eta\phi} \sum_{p=1}^N L_p \frac{(\alpha/c_D{}^p - 1) C_{jp}}{\sum_{q=1}^N C_{qp}}$$

这也和 $M_{E,j}$ 的含义相一致,各国规模都对一个市场的进入者数量有正向影响。

6.2.4 贸易的冲击

之前描述了出口者到 j 国的运输后成本 $\dfrac{c}{1-\tau_j}$ 的分布函数是和 j 国国内企业的成本 c 的分布相一致的。之后又讨论了出口者和本地企业价格分布的一致性。这个观点可以通过截断成本水平扩展到全部企业绩效表现指标。在分析贸易的影响时，本书可以关注式（6-23）所控制的截断成本的决定。

比较这个新的截断条件 $(c_{D,j})^{k+2} = \dfrac{\gamma\phi}{L_j} \dfrac{\sum\limits_{q=1}^{N} C_{qj}}{|\mathbf{P}|} = \dfrac{\gamma\phi}{L_j} \dfrac{\sum\limits_{q=1}^{N} C_{qj}}{\sum\limits_{q=1}^{N} \rho_{qj} C_{qj}}$ 和封闭经

济版本截断条件式（6-15） $c_D^{k+2} = \dfrac{\gamma\phi}{L}$ （考虑 $\phi \equiv 2(k+2)(k+1)f_E c_M^k$ ）

可知，开放经济时的截断成本比封闭经济版本多出了一个系数 $\dfrac{\sum\limits_{q=1}^{N} C_{qj}}{\sum\limits_{q=1}^{N} \rho_{qj} C_{qj}}$ 。

为便于计算，在这里引入对称贸易成本假设，即考虑 $\rho_{jh} = \rho$，$j, h = 1$，$2, \cdots, N$。此时行列式 $|\mathbf{P}|$ 的余子式 C_{qj}（不妨 $q < j$）满足：

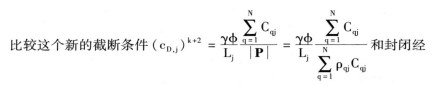

考虑对称成本假设，对等式右边变形可得：

$$\frac{C_{qj}(q<j)}{(-1)^{q+j}}=\rho\begin{vmatrix} 1-\rho & 0 & \cdots & 0 & 0 & 0 & \cdots & 0 & 0 & \cdots & 0 \\ 0 & 1-\rho & \cdots & 0 & 0 & 0 & \cdots & 0 & 0 & \cdots & 0 \\ \cdots & \cdots & \cdots & \cdots & \cdots & \cdots & \cdots & \cdots & \cdots & \cdots & \cdots \\ 0 & 0 & \cdots & 1-\rho & 0 & 0 & \cdots & 0 & 0 & \cdots & 0 \\ 0 & 0 & \cdots & 0 & 0 & 1-\rho & \cdots & 0 & 0 & \cdots & 0 \\ \cdots & \cdots & \cdots & \cdots & \cdots & \cdots & \cdots & \cdots & \cdots & \cdots & \cdots \\ 0 & 0 & \cdots & 0 & 0 & 0 & \cdots & 1-\rho & 0 & \cdots & 0 \\ 1 & 1 & \cdots & 1 & 1 & 1 & \cdots & 1 & 1 & \cdots & 1 \\ 0 & 0 & \cdots & 0 & 0 & 0 & \cdots & 0 & 1-\rho & \cdots & 0 \\ \cdots & \cdots & \cdots & \cdots & \cdots & \cdots & \cdots & \cdots & \cdots & \cdots & \cdots \\ 0 & 0 & \cdots & 0 & 0 & 0 & \cdots & 0 & 0 & \cdots & 1-\rho \end{vmatrix}$$

按照第 q 列拉普拉斯展开即可获得一个 $|\mathbf{P}|$ 的余子式的一般性公式：

$$C_{qj}(q\neq j)=\rho(-1)^{2(q+j)-1}(1-\rho)^{N-2}=-\rho(1-\rho)^{N-2} \quad (6-27)$$

特殊地：

$$C_{qj}(q=j)=[1+(N-2)\rho](1-\rho)^{N-2} \quad (6-28)$$

将余子式公式代入式（6-23）并考虑对称成本假设可得：

$$(c_{D,j})^{k+2}=\frac{\gamma\phi}{L_j}\frac{\sum\limits_{q=1}^{N}C_{qj}}{\sum\limits_{q=1}^{N}\rho_{qj}C_{qj}}$$

$$=\frac{\gamma\phi}{L_j}\frac{[1+(N-2)\rho](1-\rho)^{N-2}-\rho(1-\rho)^{N-2}(N-1)}{[1+(N-2)\rho](1-\rho)^{N-2}-\rho^2(1-\rho)^{N-2}(N-1)}$$

$$=\frac{\gamma\phi}{L_j}\frac{1}{1+(N-1)\rho}$$

此时和封闭经济版本截断条件式（6-15）$c_D^{k+2}=\dfrac{\gamma\phi}{L}$ 对比即可知，开

放经济时的截断成本降低了：贸易增加了总生产率，因为低生产率企业
退出了。这个效应和梅里兹（2003）总结出的很类似，但是是通过不同
的经济渠道实现的。在梅里兹的研究中，贸易引发了对稀缺劳动力资源

竞争的增加，因为实际工资是由生产率相对较高的企业为了服务出口市场而扩大生产所提高的。实际工资的增加迫使生产率最低的企业退出。在那个模型里，进口竞争没有在再分配进程中产生很大作用，这是由于 CES 型需求所致。在本章的模型里改变了前两章沿用的 CES 框架，此时国际贸易的影响存在两个渠道：通过增加要素市场竞争或产品市场竞争。且两个渠道效果相反：一方面，产品市场竞争的增加是唯一有效的渠道。要素市场竞争的增加在本模型中没什么效果，因为在不同类别产品部门之间，劳动供给是完美替代的。另一方面，进口竞争增加了国内产品市场竞争，使对于任意需求水平和所有企业的剩余需求价格弹性上移。这将迫使最低生产率的企业退出。这个效应和封闭经济版本中市场规模增加效应是类似的：增加的竞争会导致企业的加价分布下降。即使只有相对高生产率的企业存活（他们比退出的低生产率企业具有更高加价），平均加价依然下降了。价格分布的下移是因为低加价效应和选择效应的综合。再次地，如同封闭经济版本中更大市场的情形，平均企业规模和利润增加了，产品多样性也增加了。在本书模型中，贸易带来的福利增加也来自生产率增加（通过选择）、低加价（有利竞争效应）、产品多样性增加的综合。

现在关注国家间市场规模的差异在开放经济均衡中的相关结论。这些国家间的企业表现的差异由截断成本 $c_{D,j}$ 差异所决定，就如同式（6–23）中表现的那样。贸易成本的存在将使得一个区域不可能完全一体化，因为各国的规模在确定每个国家的所有公司绩效指标和福利方面起着重要作用：当贸易成本是对称的时候，更大的国家将具有更低的截断成本，进而产生更高的平均生产率和产品多样性、更低的加价和价格（相对于小国）。大国的福利水平也会更高。另外，后者会吸引相对更多的进入者和本地生产者。简而言之，封闭版本中国家之间所有规模导致的差异依然存在，尽管程度不尽相同。

6.3　引力方程与多边阻力变量

6.3.1　引力方程的得出

利用本部分的模型仍可以获得一个引力方程。根据式（6 - 20）可得均衡时 j 国成本为 c 的企业在 h 国的销售额为：

$$r_{X,jh}(c) = p_{X,jh}(c) q_{X,jh}(c) = \frac{L_h}{4\gamma(1-\tau_{jh})^2} \left[(c_{X,jh})^2 - c^2 \right]$$

$$= \frac{L_h}{4\gamma} \left[(c_{D,h})^2 - \frac{c^2}{(1-\tau_{jh})^2} \right]$$

对其求期望，并乘以 j 国的全部进入者数量，即可得 j 国所有企业在 h 国的总销售额，即 j 国对 h 国出口额 EX_{jh}：

$$EX_{jh} = M_{E,j} \int_0^{c_{X,jh}} \frac{L_h}{4\gamma} \left[(c_{D,h})^2 - \frac{c^2}{(1-\tau_{jh})^2} \right] dG(c) \qquad (6-29)$$

考虑帕累托分布假设，式（6 - 29）可变形为：

$$EX_{jh} = \frac{1}{2\gamma(k+2)(c_M)^k} L_h M_{E,j} (c_{D,h})^{2+k} \rho_{jh} \qquad (6-30)$$

其中，ρ_{jh} 和 L_h、$M_{E,j}$ 分别代表了双边贸易成本和国家规模对于双边贸易额 EX_{jh} 的影响，因此上述方程具备经典的引力方程形式。

6.3.2　距离矩阵多边阻力变量

如果将式（6 - 23）零利润截断成本代入式（6 - 30），可以得出一个非常类似上一章引力方程中纳入多边影响的形式：

$$EX_{jh} = \frac{1}{2\gamma(k+2)(c_M)^k} L_h M_{E,j} \left(\frac{\gamma\phi}{L_h} \frac{\sum_{q=1}^N C_{qh}}{|\mathbf{P}|} \right) \rho_{jh}^{k+2}$$

$$= \frac{1}{2\gamma(k+2)(c_M)^k} L_h M_{E,j} \left(\frac{\gamma\phi}{L_h} \frac{\sum\limits_{q=1}^{N} C_{qh}}{\sum\limits_{q=1}^{N} \rho_{qh} C_{qh}} \right) \rho_{jh}^{k+2} \qquad (6-31)$$

其中，距离变量矩阵的行列式 $|\mathbf{P}| = \sum\limits_{q=1}^{N} \rho_{qh} C_{qh}$ 代表了出口目的地 h 国的多边进口成本 $\rho_{\cdot h}$ 对双边贸易额 EX_{jh} 的影响［出口国 l 面临的多边出口成本阻力 $\rho_{j\cdot}$ 的影响纳入了 $M_{E,j}$ 的计算中，见式（6 – 26）］，这里称为多边影响矩阵。虽然该矩阵是进口国 ρ_{qh} 的线性组合，但其系数 C_{qh} 的符号却可能有正有负，此时不能简单地将多边阻力看作是 ρ_{qh} 的某种加权平均。但至少当出口目的地 h 国面临一个平均的进口成本时，即 $\rho_{qh} = \bar{\rho}_h$ 时，一定有 $\dfrac{\sum\limits_{q=1}^{N} C_{qh}}{\sum\limits_{q=1}^{N} \rho_{qh} C_{qh}} = \dfrac{1}{\bar{\rho}_h}$。式（6 – 31）和上一章的式（5 – 49）所表现出的多边阻力变量存在重大不同，在这个多边影响矩阵中没有出现国家规模的影响。这并不代表国家规模对多边阻力不存在影响，而是意味着国家规模被抵消了：在出口方面，一个更大规模的贸易伙伴国意味着出口机会的增加。但是，这种出口市场规模的增加又要被其同时带来的"竞争激烈度"的增加所抵消（更多的高生产率企业会在那个市场竞争，这会降低加价）。在进口方面，一个规模更大的贸易伙伴国意味着进口竞争的增加。在长期，这又被进入者的比例较小所抵消，因为在小市场竞争更为缓和。因此在考虑市场竞争激烈程度的异质性企业模型里，贸易伙伴国的经济规模在多边影响中的作用被削弱了。这一点和第 5 章得出的多边阻力变量存在差异。

在后面的部分可以得出，在对称贸易成本假设下，$C_{qh}(q \neq h)$ 实际上是相等的负数，这意味着一个双边壁垒总和最低（$\sum\limits_{q \neq h}^{N} \rho_{qh}$ 最高）的国家的截断值将会最低，此时这个国家实质上是最好的出口枢纽国（虽然在引力方程中低截断值意味着更小的出口，但双边贸易便利度的影响更大）。另外，由于多边影响矩阵包含了全部的双边壁垒，任何双边壁垒的变化都可能影响世界所有国家，接下来本书将具体分析不同类型 RTA 所带来的多边影响。

6.4 RTA 的多边效应

6.4.1 单边贸易自由化的多边效应

本章节先分析单边自由化的影响，即考虑一个非对称成本变动：h 国对 j 国的出口成本下降，这将导致 ρ_{hj} 上升，但 j 国对 h 国的出口自由化水平 ρ_{jh} 以及其他贸易自由化指标此时不发生变化。

首先观察进口成本降低的 l 国截断成本，根据式（6-23）有：

$$(c_{D,j})^{k+2} = \frac{\gamma\phi}{L_j}\frac{\sum\limits_{q=1}^{N}C_{qj}}{\sum\limits_{q=1}^{N}\rho_{qj}C_{qj}} = \frac{\gamma\phi}{L_j}\frac{\sum\limits_{q=1}^{N}C_{qj}}{\sum\limits_{q\neq h}^{N}\rho_{qj}C_{qj}+\rho_{hj}C_{hj}}$$

本书考虑 h 国对 j 国的出口自由度 ρ_{hj} 上升之后增加了 δ，由于全部 C_{qj} 均不包含 ρ_{hj}，这个变化只影响上式分母的第二项。此时 j 国截断成本 $c_{D,j}$ 将变为 $c_{D,j}^{*}$，并服从：

$$(c_{D,j}^{*})^{k+2} = \frac{\gamma\phi}{L_j}\frac{\sum\limits_{q=1}^{N}C_{ql}}{\sum\limits_{q\neq h}\rho_{qj}C_{qj}+(\rho_{hj}+\delta)C_{hj}} = \frac{\gamma\phi}{L_j}\frac{\sum\limits_{q=1}^{N}C_{qj}}{\sum\limits_{q=1}^{N}\rho_{qj}C_{qj}+\delta C_{hj}}$$

考虑对称成本假设与余子式公式（6-27），有：

$$(c_{D,j}^{*})^{k+2} = \frac{\gamma\phi}{L_j}\frac{\sum\limits_{q=1}^{N}C_{ql}}{\sum\limits_{q=1}^{N}\rho_{ql}C_{ql}-\delta\rho(1-\rho)^{N-2}} > \frac{\gamma\phi}{L_j}\frac{\sum\limits_{q=1}^{N}C_{qj}}{\sum\limits_{q=1}^{N}\rho_{qj}C_{qj}} = (c_{D,j})^{k+2}$$

可见单边贸易自由化的进口参与方的截断成本上升了。

接下来观察出口成本降低的 h 国新的截断成本 $c_{D,h}^{*}$。在式（6-23）的 h 国版本中，其分母和 $(c_{D,j})^{k+2}$ 相等，为 $|\mathbf{P}|$。因此分母会发生和 j 国

类似的变动，减少 $\delta\rho(1-\rho)^{N-2}$。但与 j 国不同的是，此时克莱默法则得出的分子是包含 ρ_{hj} 的，因此分子行列式的第 h 行 j 列会增加 δ（不妨 j < h），有：

$$
\begin{vmatrix}
1 & \rho & \cdots & \rho & \rho & \rho & \cdots & \rho & 1 & \rho & \cdots & \rho \\
\rho & 1 & \cdots & \rho & \rho & \rho & \cdots & \rho & 1 & \rho & \cdots & \rho \\
\cdots & \cdots & \cdots & \cdots & \cdots & \cdots & & \cdots & \cdots & \cdots & & \cdots \\
\rho & \rho & \cdots & 1 & \rho & \rho & \cdots & \rho & 1 & \rho & \cdots & \rho \\
\rho & \rho & \cdots & \rho & 1 & \rho & \cdots & \rho & 1 & \rho & \cdots & \rho \\
\rho & \rho & \cdots & \rho & \rho & 1 & \cdots & \rho & 1 & \rho & \cdots & \rho \\
\cdots & \cdots & \cdots & \cdots & \cdots & \cdots & & \cdots & \cdots & \cdots & & \cdots \\
\rho & \rho & \cdots & \rho & \rho & \rho & \cdots & 1 & 1 & \rho & \cdots & \rho \\
\rho & \rho & \cdots & \rho & \rho+\delta & \rho & \cdots & \rho & 1 & \rho & \cdots & \rho \\
\rho & \rho & \cdots & \rho & \rho & \rho & \cdots & \rho & 1 & 1 & \cdots & \rho \\
\cdots & \cdots & \cdots & \cdots & \cdots & \cdots & & \cdots & \cdots & \cdots & & \cdots \\
\rho & \rho & \cdots & \rho & \rho & \rho & \cdots & \rho & 1 & \rho & \cdots & 1
\end{vmatrix}
$$

通过变形可得：

$$
\begin{vmatrix}
1-\rho & 0 & \cdots & 0 & 0 & 0 & \cdots & 0 & 1 & 0 & \cdots & 0 \\
0 & 1-\rho & \cdots & 0 & 0 & 0 & \cdots & 0 & 1 & 0 & \cdots & 0 \\
\cdots & \cdots & \cdots & \cdots & \cdots & \cdots & & \cdots & \cdots & \cdots & & \cdots \\
0 & 0 & \cdots & 1-\rho & 0 & 0 & \cdots & 0 & 1 & 0 & \cdots & 0 \\
0 & 0 & \cdots & 0 & 1-\rho & 0 & \cdots & 0 & 1 & 0 & \cdots & 0 \\
0 & 0 & \cdots & 0 & 0 & 1-\rho & \cdots & 0 & 1 & 0 & \cdots & 0 \\
\cdots & \cdots & \cdots & \cdots & \cdots & \cdots & & \cdots & \cdots & \cdots & & \cdots \\
0 & 0 & \cdots & 0 & 0 & 0 & \cdots & 1-\rho & 1 & 0 & \cdots & 0 \\
0 & 0 & \cdots & 0 & \delta & 0 & \cdots & 0 & 1 & 0 & \cdots & 0 \\
0 & 0 & \cdots & 0 & 0 & 0 & \cdots & 0 & 1 & 1-\rho & \cdots & 0 \\
\cdots & \cdots & \cdots & \cdots & \cdots & \cdots & & \cdots & \cdots & \cdots & & \cdots \\
0 & 0 & \cdots & 0 & 0 & 0 & \cdots & 0 & 1 & 0 & \cdots & 1-\rho
\end{vmatrix}
$$

此时按照第 h 行进行拉普拉斯展开，会获得系数为 1 的和之前分子完全相等的一项以及系数为 δ 的额外增加的项。经观察，这个新增的子式正好可以按照 j 行进行拉普拉斯展开，展开后只会剩下一个三角形行列式，之前 h − 1 列上的非零元素都会消掉，此时有：

$$\delta(-1)^{h+j} \begin{vmatrix} 1-\rho & 0 & \cdots & 0 & 0 & \cdots & 0 & 1 & 0 & \cdots & 0 \\ 0 & 1-\rho & \cdots & 0 & 0 & \cdots & 0 & 1 & 0 & \cdots & 0 \\ \cdots & \cdots & \cdots & \cdots & \cdots & \cdots & \cdots & \cdots & \cdots & \cdots & \cdots \\ 0 & 0 & \cdots & 1-\rho & 0 & \cdots & 0 & 1 & 0 & \cdots & 0 \\ 0 & 0 & \cdots & 0 & 0 & \cdots & 0 & 1 & 0 & \cdots & 0 \\ 0 & 0 & \cdots & 0 & 1-\rho & \cdots & 0 & 1 & 0 & \cdots & 0 \\ \cdots & \cdots & \cdots & \cdots & \cdots & \cdots & \cdots & \cdots & \cdots & \cdots & \cdots \\ 0 & 0 & \cdots & 0 & 0 & \cdots & 1-\rho & 1 & 0 & \cdots & 0 \\ 0 & 0 & \cdots & 0 & 0 & \cdots & 0 & 1 & 1-\rho & \cdots & 0 \\ 0 & 0 & \cdots & 0 & 0 & \cdots & 0 & 1 & 0 & \cdots & 1-\rho \end{vmatrix} \begin{matrix} \\ \\ \\ \\ [j\text{行}] \\ \\ \\ \\ \\ \\ \end{matrix}$$

[h − 1 列]

$$= \delta(-1)^{(h+j)}(-1)^{(h+j-1)}(1-\rho)^{N-2}$$

因此：

$$(c_{D,h}^{*})^{k+2} = \frac{\gamma\phi}{L_j} \frac{\sum\limits_{q=1}^{N} C_{qh} + \delta(-1)^{(h+j)}(-1)^{(h+j-1)}(1-\rho)^{N-2}}{\sum\limits_{q=1}^{N} \rho_{qh} C_{qh} - \delta\rho(1-\rho)^{N-2}(N-1)}$$

$$= \frac{\gamma\phi}{L_j} \frac{\sum\limits_{q=1}^{N} C_{qh} - \delta(1-\rho)^{N-2}}{\sum\limits_{q=1}^{N} \rho_{qh} C_{qh} - \delta\rho(1-\rho)^{N-2}} < (c_h)^{k+2}$$

可见，单边自由化产生了有利于出口参与方 h 的效应。其截断成本减少了，同时这将不会影响出口的增加。单边降低进口成本的国家的截断成本增加，主动自由化的国家竞争变得不激烈。单方面享受到出口成本降低的国家截断成本下降了，这意味着在这里的竞争增加了。主动自由化的国家会经历福利损失而伙伴国会经历福利增加。截断成本的变化同时还将决定了其他的国家层面变量的变化。如同刚刚所提到的，这些结果是由于企业区位选择变化，后者是由于长期的进入。同时，类似于 j

国，世界其他国家的截断成本也会经历小幅上升，这是由于当一个RTA产生的时候，任何国家所面临的多边影响|**P**|都会增加。这迫使它们国内的截断成本上升了，后者意味着更低的生产率、企业利润和福利。

6.4.2 双边贸易自由化的多边效应

在上一小节，本书允许同一组贸易对象的进出口成本只进行单方面的变动，即 $\rho_{hj} \neq \rho_{jh}$。在本部分将考虑更为现实的进出口成本同时下降的双边自由化（bilateral liberalization）情形，假设 ρ_{hj}，ρ_{jh} 同时增加了 Δ，即一个RTA出现在了h，j两国之间。和单边自由化情况不同，由于双边自由化变化的对称性，这两国的截断成本变化是完全相同的。和刚才一样，首先分析所有国家的截断成本都存在的|**P**|的变化。

考虑余子式公式（6-27）和式（6-28）可求出N阶行列式|**P**|：

$$|\mathbf{P}_N| = [1 + (N-2)\rho](1-\rho)^{N-2} - \rho^2(1-\rho)^{N-2}(N-1)$$
$$= (1-\rho)^{N-1}[1 + (N-1)\rho] \qquad (6-32)$$

当其第h行j列元素以及第j行h列元素增加 Δ 时，对 $|\mathbf{P}_N|$ 的第h列和第j列进行两次拆分（按照行拆分结果相同）并展开，可得四个容易计算的行列式：

$$|\mathbf{P}_N^*| = |\mathbf{P}_N| + \Delta C_{hj} + \Delta C_{jh} - \Delta^2 |\mathbf{P}_{N-2}|$$

将式（6-27）和式（6-32）代入可得：

$$|\mathbf{P}_N^*| = |\mathbf{P}_N| - 2\Delta\rho(1-\rho)^{N-2} - \Delta^2(1-\rho)^{N-3}[1 + (N-3)\rho] < |\mathbf{P}_N|$$

和单边自由化相类似，各国截断成本中分母位置的多边影响项|**P**|在双边自由化中也下降了。但式（6-23）中RTA的参与方和非参与方的分子位置变化是不同的。RTA的参与方h，j的分子会出现类似于单边情况下的出口参与方 $(c_{D,h}^*)^{k+2}$ 变化的情况（但分母和单边情况不同），不妨以j国视角，此时有：

$$(c_{D,j}^*)^{k+2} = \frac{\gamma\phi}{L_j} \frac{\displaystyle\sum_{q=1}^{N} C_{qj} - \Delta(1-\rho)^{N-2}}{\displaystyle\sum_{q=1}^{N} \rho_{qj}C_{qj} - 2\Delta\rho(1-\rho)^{N-2} - \Delta^2(1-\rho)^{N-3}[1 + (N-3)\rho]}$$

这个值与 $(c_{D,j})^{k+2}$ 相比大小不定，虽然分子的变化使 RTA 参与方的截断成本减小了，但分母的变化倾向于使所有国家的截断成本上升。因此在双边自由化部分，本书更重视 RTA 参与方与非 RTA 参与方之间的比较。

下面考虑非参与方效应。如前所述，RTA 的非参与方和参与方的分母位置会发生一样的变动，减少一个 $2\Delta\rho(1-\rho)^{N-2} + \Delta^2(1-\rho)^{N-3}[1+(N-3)\rho]$，但分子不同。其分子行列式会在第 h 行 j 列元素以及第 j 行 h 列元素两个位置都增加 Δ，在对该行列式进行类似单边自由化 h 国分子行列式的变形后，对于非 h，j 列利用拉普拉斯展开（对非 h，j 列进行拉普拉斯展开结果相同）后，将剩下每一列都包含 Δ 的一个二阶子式。即：

$$(c_{D,t}^*)^{k+2} = \frac{\gamma\phi}{L_t} \cdot \frac{(1-\rho)^{N-3}\begin{vmatrix} 1-\rho & \Delta \\ \Delta & 1-\rho \end{vmatrix}}{\sum_{q=1}^{N}\rho_{qt}C_{qt} - 2\Delta\rho(1-\rho)^{N-2} - \Delta^2(1-\rho)^{N-3}[1+(N-3)\rho]}$$

$$= \frac{\gamma\phi}{L_t} \cdot \frac{\sum_{q=1}^{N}C_{qt} - \Delta^2(1-\rho)^{N-3}}{\sum_{q=1}^{N}\rho_{qt}C_{qt} - 2\Delta\rho(1-\rho)^{N-2} - \Delta^2(1-\rho)^{N-3}[1+(N-3)\rho]},$$

$$t \neq j, h$$

对比参与方 h，j 的截断成本可知，非 RTA 参与方 t 的截断成本更大，这是和单边自由化结论一致的。这样，平均成本、价格和加价都会在 RTA 参与方国内下降而在第三国上升。主动进行贸易自由化的 RTA 参与方变成了更好的出口地：因为它们获得了更好的进入其他市场的机会。这样，优惠自由化导致了参与方长期的福利增加以及非参与方的福利减少。

6.5　本章小结

为了在分析中加入第 4 章和第 5 章的代表性企业模型所未涵盖的微观视角，本部分提出了一个异质企业的垄断竞争模型，其均衡结果也存在引力模型特征。本部分的模型基于梅里兹（2003）著名的异质性企业理论奠基性文章，但在采用了奥塔维亚诺等（2002）、梅里兹和奥塔维亚诺（2008）的线性需求系统假设，这将更有利于讨论企业数量和生产率在区域一体化中的影响。通过将梅里兹和奥塔维亚诺的两国模型扩展到多国，区域贸易自由化中的多边影响将得以体现，同时这种影响还将扩展到一个市场的截断成本 $c_{D,j}$，进而得出比贸易量变动更为丰富的 RTA 对一国平均生产率、企业绩效等结论。作为多边阻力变量的距离矩阵行列式的存在源于核心变量截断成本的线性方程组，也就是各国截断成本的线性联系，这使得分析多国问题被极大简化。

基于这个含义更为丰富的异质性企业引力模型，本章分析了很多产业表现指标（生产率，规模，价格，加价）是如何根据区域一体化的进程而改变的。和上一章不同，本章以市场竞争激烈程度作为核心变量来容纳 RTA 产生后的多边影响，这将使贸易成本变化的微观影响很容易被观察。

但本章与第 4 章和第 5 章的多边阻力变量有了重大不同，式（6 - 23）意味着一国的贸易伙伴国的规模不影响截断成本（也就不影响企业表现和福利），进而也不会影响出口决定中的"多边阻力"，这一点在后面的小节可以观察到。这突出显示了贸易伙伴规模的一些重要抵消性效应：在出口方面，一个更大规模的贸易伙伴国意味着出口机会的增加。但是，这种出口市场规模的增加又要被其同时带来的竞争激烈度的增加所抵消（更多的高生产率企业会在那个市场竞争，这会降低加价）。在进口方面，一个规模更大的贸易伙伴国意味着进口竞争的增加。在长期，这又被进入者的比例较小所抵消，因为在小市场竞争更为缓和。因此在考虑市场竞争激烈程度的异质性企业模型里，贸易伙伴国的经济规模在多边影响中的作用被削弱了。

第7章

中国参与RTA的多边效应
数值模拟：以RCEP为例*

    本书在第4章~第6章分别提出了三个带有不同多边阻力项的贸易引力模型。通过对不同种类 RTA 产生效应的相关方比较静态分析，得出了 RTA 对于其参与方与非参与方的不同影响。但截至目前，本书的理论模型还没有和实体经济数据直接联系起来。因此在本部分将以我国参与实施的 RCEP 协议为例（Regional Comprehensive Economic Partnership，即区域全面经济伙伴关系协定），以校准后的多边阻力引力模型为基础，对中国未来可能会产生的 RTA 多边效应进行模拟预测。

    RCEP 已于 2020 年 11 月 15 日正式签署，并与 2022 年起正式实施，这标志着我国与亚太地区国家的经济联系进一步加强。我国地处全球最广袤大陆的东端，又与面积最大的海洋邻接，具有得天独厚的区域合作条件。RCEP 的签订意味着我国在稳步推进"一带一路"倡议的同时，正在经历区域经济合作在东西两个战略方向上的"左右逢源"。在 COVID-19 全球大流行和贸易保护主义长期存在的复杂背景下，作为一项规模空前的区域经济合作协议，RCEP 将会对我国未来的出口地区结构乃至全球经济与福利带来怎样的结构性影响？这是本章所关注的核心问题。

---

    * 本章数据的主要来源为国家统计局数据库、UN – COMTRADE 数据库和世界银行数据库。

7.1　RCEP 贸易合作效果预测的研究设计

　　学术界普遍认为 RCEP 会促进中国经济总量的增加、福利水平的上升和贸易规模的扩大（钱学锋和龚联梅，2017），但关于域外国家的对华贸易和国民福利变化情况尚无定论。通过对中国与全球 51 个重要贸易伙伴国进行全面数值模拟分析，本章得以具体预测了世界各国尤其是非 RCEP 成员国在 RCEP 不同执行情境下的经济表现 。另外，从签约条款来看，除了传统区域贸易协定（Regional Trade Agreement，RTA）所涉及的贸易自由化和贸易便利化内容，RCEP 还涉及知识产权、电子商务、中小企业合作、经济技术援助等现代 RTA 所包含的内容。这些新条款将有利于RCEP 成员国内部的技术流通，尤其是从发达国家向不发达国家的技术扩散。这意味着当前区域经济合作框架已经越来越不局限于贸易距离的缩小，而是开始逐渐影响贸易壁垒之外的技术扩散距离等方面。在数理模型中，传统的贸易距离可以采用出口产品价格上浮的方式嵌入到模型的需求侧，但技术扩散距离的变化会直接影响模型供给侧的生产函数，这同样会影响贸易流和国民福利。那么，如何设计可以全面涵盖这两种"距离"的量化分析框架，是紧扣 RCEP 正式条款进行预测分析的又一挑战。

　　针对上述研究需求，本章在国际经济学主流假设下，融合并简化了第 4 章 ~ 第 6 章的垄断竞争理论框架和可变生产技术框架，构建了包含52 国家的全球动态一般均衡引力模型（其推导过程类似于第 5 章内容，但纳入了技术扩散距离），在采用总贸易成本变量来捕捉 RTA 的传统贸易自由化条款的基础上，将技术扩散距离作为 RTA 新条款的代表性变量纳入了引力模型结构。之后，本章使用实体经济数据和国际经济学的主流参数设置对模型进行了校准，利用间接联立测算法校准了传统贸易距离，利用迪斯米特和罗西 – 汉斯伯格（Desmet & Rossi-Hansberg，2014）的技术动态模型校准了技术扩散距离，并采用历史数据检验了校准后模型的可信度。基于全球数据校准模型，本章设置了多种 RCEP 执行情境分别预测了中国对 51 个贸易伙伴出口额的变化以及各国国民福利变化。之后就关键参数取值发生改变的情形进行了敏感性分析，进一步验证了模拟结果的稳定性。

7.2　国家范围与参数校准

本章的数值模拟过程和其后的历史数据对比检验过程均基于 Python 3.8.3 内核实现，集成开发环境（IDE）选择了适合多维数据分步分析的 Jupyter Notebook 平台。

7.2.1　国家范围选择

本章的研究范围除了出口国中国，还包括 51 个中国的重要出口目的地国家。这些国家同时也是全球各大洲的代表性国家，如表 7 - 1 所示。表 7 - 1 之外的世界其他国家数据归总为一个整体国家（ROW）来分析。表 7 - 1 右侧列示的国家为本部分所选取的研究对象国家，这些国家按地理位置分为九组。

表 7 - 1　　　　　　　　全球动态引力模型所涵盖的国家范围

区域	国家
东亚和大洋洲（RCEP）	中国，印度尼西亚，马来西亚，菲律宾，新加坡，泰国，越南，澳大利亚，日本，韩国，新西兰
南亚	印度，巴基斯坦，孟加拉国
中亚	哈萨克斯坦，乌兹别克斯坦，吉尔吉斯斯坦
西亚	沙特阿拉伯，土耳其，以色列，约旦，也门
中东欧	俄罗斯，乌克兰，白俄罗斯，保加利亚，罗马尼亚
西欧	法国，德国，英国，波兰，西班牙，瑞典，丹麦，希腊，荷兰
非洲	阿尔及利亚，埃及，突尼斯，肯尼亚，马达加斯加，莫桑比克，赞比亚
北美	美国，加拿大，墨西哥
南美	巴西，阿根廷，智利，哥伦比亚，秘鲁，乌拉圭

由于东亚和大洋洲的主要国家均参与了 RCEP，这使得第一组国家恰好也是当前 RCEP 的成员国集合，而其他各组目前均为非成员国。本章对研究国家范围的选取具有较为充分的代表性，截至 2018 年，中国对表 7 – 1 所列的 51 个国家的出口额总和已占中国总出口额的 73.27%。

7.2.2 数据处理与参数校准

在引力模型中，需要校准的对象有经济规模、贸易成本、产品替代弹性、可贸易品比例、生产技术与贸易额等变量。其中经济规模和双边贸易额是名义量，直接使用现价美元计价的对应变量来进行取值。双边贸易额采用现价美元计价的出口额，由于本章侧重研究我国的对外经济形势，双边贸易额的出口方固定为中国，进口方为表 7 – 1 所包含的 51 个国家，中国对这 51 国之外的其他国家出口加总为中国对 ROW 的出口变量。由于本章模型中经济规模的含义是居民可支配收入的加总，直接采用 GNP 或 GDP 数据进行校准是不准确的，因此使用了现价美元计价的居民人均净调整收入和人口数的乘积来代表该变量。同样，ROW 的经济规模变量采用了世界剩余国家的加总数据。而生产技术作为实际量，本章采用居民的专利申请量结合不同情景下对于技术距离的设置来进行选择。为了逻辑上的严密性，技术动态扩散过程的潜在技术来源国在 52 国之外还包括了 ROW。上述宏观数据的主要来源为国家统计局数据库、UN-COMTRADE 数据库和世界银行数据库。

关于区域间产品替代弹性 σ，本章使用了诺威（Novy，2006）和克鲁格曼（Krugman，1991）的模型中相似变量数值的区间中值，令 σ = 8。也有相当多的研究采用了更低或更高的数值（Desmet & Rossi-Hansberg，2014；Head & Ries，2001）。该变量是数值模拟的关键参数，直观上，低一点的 σ 意味着消费者对于贸易成本变化所导致的价格变化并不敏感。因此，在数值模拟之前，本章就 σ 的不同取值进行了模拟值和实际值的同时段比对，在数值模拟之后，本章就 σ 在连续区间的不同取值进行了参数敏感性分析。结果显示，本章 σ 的取值即使在一个较大的区间变化时，数值模拟的主要分析结果也不会受到影响。关于多边阻力变量，本章也在 σ 不同取值的情况下分别进行了计算，按照中国对各国的平均贸易成本对各国生产技术进行了加权求和。

关于可贸易品比例，本章设定了高于克鲁格曼（Krugman，1991）的数值，令其为 0.6。这是因为本章的可贸易品不仅包含工业制成品部门，还包含其他部门中的可贸易产品。该参数在均衡贸易额方程中只是作为一个倍乘因子出现，并不会对均衡贸易额的动态变化产生大的影响。在数值模拟之后，本章就可贸易品比例 θ 的不同取值进行了参数敏感性分析。结果显示，本章可贸易品比例 θ 的取值即使接近于极限值（0.1 和 0.9），且同时允许其他关键参数发生变化时，数值模拟的主要分析结果依然保持稳定。

关于贸易成本 τ，该变量在模型中的含义是总贸易成本，这包括了运输成本（资金和时间两方面）、关税壁垒、非关税壁垒、信息成本、合同执行成本、货币兑换成本、法律法规等制度成本、本地销售成本等构成部分安德森和温库普（Anderson & van Wincoop，2004）。在这些壁垒中，除了关税税率明确可查之外，其余部分都难以通过一个统一的标准进行量化、加总和解释。因此直接计算总贸易成本是困难的，本章采用的贸易成本数据根据间接方法估算得出（Novy，2006；钱学锋和梁琦，2008；王珏，2018）。该类方法的基本逻辑是：研究者在获知贸易成本和某些可观察变量这种固定关系 f 之后，可以通过其他可观察的变量 o_1，o_2，…反过来推导出贸易成本 τ，即 $f(\tau, o_1, o_2, \cdots) = 0 \Rightarrow \tau = g(o_1, o_2, \cdots)$。由于 RCEP 的非成员国效应是本部分的分析重点，在上述间接法测算贸易成本中必须剔除掉来自第三方国家的多边因素，这样才能在数值模拟中捕捉到贸易成本下降对于第三方国家的"干净"影响。因此本部分采用满足间接法思想的联立测算多边贸易成本方法，通过对具有重叠贸易成本变量 τ_1，τ_2，…，τ_n 的一组方程联立进行求解，以消除不同区域间贸易成本变量的联动性（王珏，2018）。通过与其他研究者的贸易成本估算结果（Novy，2006；钱学锋和梁琦，2008）对比可以看出，利用联立方法间接测算贸易成本的结果是可靠的，且更为准确地呈现出了贸易成本的短期变化，更加适合对 RCEP 进行多情境模拟预测的研究需求。因此本部分采用该方法来校准中国对各贸易伙伴国的总贸易成本。

关于技术扩散距离 τ′ 和相关参数 δ，为了将其与贸易距离相区别，采用首都地理距离的指数调整形式来表示技术扩散距离，同时校准了指数调整参数 δ。由于本部分对于技术动态的设置沿用了迪斯米特和罗西 – 汉斯伯格（Desmet & Rossi-Hansberg，2014）的设定对距离进行指数转换，在参数校准中也基于他们的参数设定数值进行调整，令 δ = 0.3。值得注意的是，该参数与选取的距离单位相关，本研究以 1000 千米为单位测算地理距离，如以 1 千米为单位则 δ 取值将变为 0.0003。

至此，所有模型参数已经校准完毕。现在可以构建全球动态一般均衡模型在参数校准之后的数值版本，并根据不同政策情境来模拟 RCEP 对中国对外经济的影响。

7.3 RCEP 影响下的全球贸易

为了全面观察 RCEP 的正式签署条款对中国 51 个主要贸易伙伴国可能的影响，本部分设置了多种模拟情境进行了对比分析。在本章首先对当前达成的 15 国 RCEP 协议中贸易自由化幅度较小和幅度较大的情境进行了对比。虽然 RCEP 有可能大幅削减贸易成本中的关税壁垒部分，但不可能消除全部的非关税壁垒，如在总贸易成本中常常占据较大比例的运输成本。因此本部分将 RCEP 带来的成员国双边总贸易成本的弱下降幅度设置为 10%，并在情境对比中考虑了 10%~30% 的由弱到强的降幅变化。关于技术扩散距离，由于其构成没有总贸易成本那么复杂，本章设置稍高于贸易成本降幅的基准下降幅度，认为 RCEP 的知识产权、中小企业合作、技术援助、电信基础设施合作等条款的共同作用会使成员国之间的技术扩散距离下降 20%。

实际上，无论是贸易距离（总贸易成本）还是技术扩散距离，其变动幅度的设置都具有主观性，只能考虑多种不同设定进行对比。本章的两组情境分别就传统条款的不同强度、现代条款和传统条款的不同偏重进行了对比，并在本章就数值模拟的多个核心参数进行了综合敏感性分析，结果均显示本部分关于两种距离的降幅设定是相对合理的。无论是降幅数值发生改变还是关键参数取值发生改变，模拟结果都只产生了数值上的变化，其方向、趋势和国际对比的规律性结果均未发生变化。

在结构性引力模型中，国民收入和贸易距离是贸易额的核心解释变量。除了上面设置的贸易距离和技术扩散距离的变化，本章采用了各国近五年的平均可支配收入增长率对经济规模变量进行了预测赋值，并在扩展性分析的第二组情境中考虑 COVID-19 的持续性影响时削减了各国的收入增长率。这样，各国的福利和出口将会有一个基于各自长期经济增长趋势的原始变化，将这种原始预测和 RCEP 对于两类距离的影响结合在一起，可望更加准确地预测中国的对外经济形势。

7.3.1 对亚太地区国家（RCEP 成员国）的影响

表 7-2 显示了贸易自由化幅度较弱（总贸易成本下降 10%）和贸易自由化幅度较强（总贸易成本下降 30%）两种情境下，RCEP 成员国福利和对华贸易的变化。两种情境下的技术扩散距离基准降幅不发生改变，均为 20%。

表 7-2   **RCEP 与成员国国民福利、对华贸易变化**   单位：%

国家	弱贸易自由化		强贸易自由化	
	国民福利	对华贸易	国民福利	对华贸易
中国	122.49	—	133.94	—
印度尼西亚	55.75	44.97	63.77	71.21
马来西亚	26.58	12.36	33.10	13.80
菲律宾	55.98	48.17	64.00	61.35
新加坡	42.32	24.24	49.64	22.14

国家	弱贸易自由化		强贸易自由化	
	国民福利	对华贸易	国民福利	对华贸易
泰国	59.19	48.54	67.38	59.21
越南	99.82	76.24	110.10	58.09
澳大利亚	0.76	-13.83	5.94	3.29
日本	2.79	-0.89	8.08	7.24
韩国	55.71	52.69	63.72	61.17
新西兰	47.28	24.49	54.86	60.27

从表 7 - 2 可以看出，2020 ~ 2030 年中国对大部分 RCEP 成员国的出口额将会出现正增长，所有 RCEP 成员国的国民福利也会增加。各成员国对华贸易增长除了来自经济增长的拉动，很大程度上受到了 RCEP 带来的贸易创造和贸易转移的影响，这一点可以从弱贸易自由化情境和强贸易自由化情境的对比中看出。

在 RCEP 成员国之间贸易成本下降 10% 的弱贸易自由化情形下，对华贸易增长幅度超过 50% 的成员国仅有越南和韩国；而在 RCEP 成员国之间贸易成本下降 30% 的强贸易自由化情形下，对华贸易增长幅度超过 50% 的成员国范围扩张大了印度尼西亚、菲律宾、泰国、越南、韩国、新西兰等国。其他大部分成员国的对华贸易也是在强贸易自由化的情形下的数额更高，尤其是中日贸易和中澳贸易。由于澳大利亚和日本两国国民收入的负增长，在弱贸易自由化情形下中国对日本出口额会下降 0.89%，中国对澳大利亚出口额会下降 13.83%，但在强贸易自由化情形下，中国对两国的出口额将扭转下降趋势，分别上升 7.24% 和 3.29%。

另外，受到贸易转移效应的影响，中国对 RCEP 非成员国的出口额增长速度可能会变慢，或是由增长转为下降，这与各国自身的经济增长速度有关。下文分别报告了在 RCEP 影响下中国对世界不同区域的 RCEP 非成员国的出口额变化和贸易伙伴国的国民福利变化。

7.3.2 对域外国家（非 RCEP 成员国）的影响

1. 对南亚的影响

从表 7-3 可以看出，由于南亚国家经济增长速度较快，在 RCEP 成员国之间贸易成本下降 10% 的弱贸易自由化情形下，孟加拉国、巴基斯坦、印度的对华贸易额在未来十年仍会有超过 30% 的增幅。但在 RCEP 成员国之间贸易成本下降 30% 的强贸易自由化情形下，由于更强的贸易转移效应，中国对巴基斯坦和印度的出口额将出现下降趋势，仅对孟加拉国的出口预测增加。从国民福利变动来看，新兴经济体由于收入增长速度较快，在 RCEP 的影响下将经历更大幅度的福利增加，如孟加拉国。

表 7-3　　　　　**RCEP 与南亚国家国民福利、对华贸易变化**　　　　单位：%

国家	弱贸易自由化		强贸易自由化	
	国民福利	对华贸易	国民福利	对华贸易
孟加拉国	186.44	112.50	201.18	18.34
巴基斯坦	82.01	35.02	91.37	-24.81
印度	103.40	50.89	113.87	-15.97

2. 对中亚的影响

从表 7-4 可以看出，中亚国家的国民收入增幅并不稳定，在弱贸易自由化情形下，仅有吉尔吉斯斯坦的对华贸易额预测增加，而在强贸易自由化情形下，受到贸易转移效应的影响，中国对中亚的所有代表性国家的出口额都将经历超过 40% 的下降。从国民福利变动来看，更强的贸易自由化情境可以更大幅度地提升各国福利。增长速度缓慢的国家也将受到 RCEP 带来的区域一体化的积极影响，这些国家的国民福利的下降趋势会得到缓解。

表7-4　　　　　　RCEP与中亚国家国民福利、对华贸易变化　　　　单位: %

国家	弱贸易自由化		强贸易自由化	
	国民福利	对华贸易	国民福利	对华贸易
哈萨克斯坦	-42.43	-57.29	-39.46	-76.21
吉尔吉斯斯坦	37.36	1.90	44.42	-43.26
乌兹别克斯坦	-39.46	-55.09	-36.34	-74.99

3. 对西亚和中东欧地区的影响

从表7-5可以看出，相比于其他地区，西亚和中东欧地区部分国家在RCEP影响下具有十分类似的表现。在弱贸易自由化情形下，西亚部分国家（以色列、约旦）和中东欧部分国家（保加利亚、罗马尼亚）的对华贸易额预测增加，但增幅都在10%~20%左右；而在强贸易自由化情形下，西亚和中东欧的所有代表性国家的对华贸易都会经历下降，其中中国对俄罗斯和土耳其的出口额在未来十年将下降超过70%。从国民福利变动来看而且更强的贸易自由化情境可以更大幅度地提升各国福利。部分增长速度缓慢的国家也将受到RCEP带来的区域一体化的积极影响，这些国家的国民福利的下降趋势会得到缓解或扭转。

表7-5　　　RCEP与西亚和中东欧国家国民福利、对华贸易变化　　　单位: %

国家和地区		弱贸易自由化		强贸易自由化	
		国民福利	对华贸易	国民福利	对华贸易
西亚	以色列	63.10	20.99	71.49	-32.62
	约旦	49.12	10.62	56.79	-38.40
	沙特阿拉伯	18.08	-12.41	24.15	-51.22
	土耳其	-34.39	-51.33	-31.01	-72.89
	也门	-38.27	-54.20	-35.09	-74.50
中东欧	白俄罗斯	-31.95	-49.52	-28.45	-71.89
	保加利亚	50.30	11.50	58.03	-37.91
	罗马尼亚	53.87	14.15	61.78	-36.43
	俄罗斯	-47.90	-61.35	-45.22	-78.48
	乌克兰	-36.55	-52.93	-33.28	-73.79

4. 对西欧的影响

从表7-6可以看出，西欧发达国家在两类贸易自由化情形下的对华贸易额均会预测下降，尽管静态贸易规模仍保持着较高水平。由于RCEP的贸易转移效应，在强贸易自由化情形下中国对西欧国家的出口额下降幅度更大，中国对法国、德国、英国的出口额在未来十年将下降50%以上。从国民福利变动来看，更强的贸易自由化情境可以更大幅度地提升各国福利。部分增长速度缓慢的国家也将受到RCEP带来的区域一体化的积极影响，这些国家的国民福利的下降趋势会更为缓慢，或是由原先的下降趋势转变为小幅上升趋势。

表7-6　　　　　RCEP与西欧国家国民福利、对华贸易变化　　　　单位：%

国家	弱贸易自由化		强贸易自由化	
	国民福利	对华贸易	国民福利	对华贸易
丹麦	11.11	-17.57	16.83	-54.10
法国	-0.28	-26.02	4.85	-58.80
德国	14.42	-15.12	20.31	-52.73
希腊	-7.48	-31.36	-2.72	-61.78
荷兰	12.96	-16.20	18.78	-53.33
波兰	21.81	-9.64	28.07	-49.68
西班牙	14.63	-14.96	20.52	-52.65
瑞典	-7.53	-31.40	-2.77	-61.80
英国	8.04	-19.85	13.60	-55.37

5. 对非洲的影响

从表7-7可以看出，部分非洲国家和南亚国家类似，正在经历经济增长速度较快的时期，因此在弱贸易自由化情形下仍保持了对华贸易额较高幅度的增长，如肯尼亚。但在强贸易自由化情形下，这种由出口目的地国家购买能力拉动的出口额增长将会被贸易转移效应所抵消。从国民福利变动来看，更强的贸易自由化情境可以更大幅度地提升各国福利。

增长速度缓慢的国家也将受到 RCEP 带来的区域一体化的积极影响，这些国家的国民福利的下降趋势会得到缓解，或是由原先的下降转变为小幅上升趋势。

表 7-7　　　　　　RCEP 与非洲国家国民福利、对华贸易变化　　　单位：%

国家	弱贸易自由化		强贸易自由化	
	国民福利	对华贸易	国民福利	对华贸易
阿尔及利亚	-23.73	-43.42	-19.81	-68.49
埃及	-17.84	-39.05	-13.61	-66.06
突尼斯	-17.91	-39.10	-13.69	-66.09
肯尼亚	127.82	69.00	139.54	-5.88
马达加斯加	27.38	-5.51	33.93	-47.38
莫桑比克	-20.62	-41.11	-16.54	-67.21
赞比亚	-2.82	-27.90	2.19	-59.85

6. 对北美洲的影响

从表 7-8 可以看出，北美洲的状况存在明显的国家异质性，在弱贸易自由化情境下，中美贸易仍会微弱上升，但加拿大和墨西哥的对华贸易额会下降。在强贸易自由化情境下，中国对北美洲三个代表性国家的出口额都会下降，降幅最低的对美国出口额也将在十年内下降 40% 以上。从国民福利变动来看，更强的贸易自由化情境可以更大幅度地提升各国福利。美国的国民福利受到了 RCEP 积极影响，增幅更大。增长速度缓慢的国家也将受到 RCEP 带来的区域一体化的积极影响，加拿大的国民福利的下降趋势得到缓解，墨西哥的国民福利由原先的下降转变为小幅上升趋势。

表 7-8　　　　　　RCEP 与北美洲国家国民福利、对华贸易变化　　　单位：%

国家	弱贸易自由化		强贸易自由化	
	国民福利	对华贸易	国民福利	对华贸易
加拿大	-10.65	-33.72	-6.05	-63.09
墨西哥	-4.33	-29.03	0.59	-60.48
美国	44.48	7.19	51.92	-40.31

7. 对南美洲的影响

从表7-9可以看出，由于南美洲国家的国民收入普遍增长迟滞，在RCEP贸易转移效应的影响下，中国对南美国家出口额即使在弱贸易自由化情境也会经历整体下降。而强贸易自由化会产生更大的贸易转移效应，在此情形下，中国对阿根廷的出口额在未来十年将下降64.10%，中国对巴西的出口额将下降74.84%。从国民福利变动来看，更强的贸易自由化情境可以更大幅度地提升各国福利。增长速度缓慢的国家也将受到RCEP带来的区域一体化的积极影响，这些国家的国民福利的下降趋势会得到缓解，部分国家如乌拉圭由原先的下降转变为小幅上升趋势。

表7-9　　　　RCEP与南美洲国家国民福利、对华贸易变化　　　单位：%

国家	弱贸易自由化		强贸易自由化	
	国民福利	对华贸易	国民福利	对华贸易
阿根廷	-13.10	-35.54	-8.63	-64.10
巴西	-39.11	-54.83	-35.98	-74.84
智利	14.26	-15.24	20.14	-52.80
哥伦比亚	-21.57	-41.82	-17.54	-67.60
秘鲁	13.86	-15.54	19.72	-52.96
乌拉圭	-3.11	-28.12	1.88	-59.97

整体而言，中国在弱贸易自由化情形下对上述各主要贸易伙伴国（包括成员国和非成员国）的总出口将上升7.84%，但在强贸易自由化情境下，中国对各国的总出口反而会下降27.57%。这是由于后一种情境将带来更大的贸易转移效应所致。

从国民福利变动来看，RCEP使得包括中国在内的世界各国福利都上升了，而且更强的贸易自由化情境可以更大幅度地提升各国福利。以中国为代表的新兴经济体由于收入增长速度较快，在RCEP的影响下将经历更大幅度的福利增加，中国的国民福利在RCEP强贸易自由化的情境下将在未来十年上升133.94%。而法国、墨西哥、赞比亚、乌拉圭等部分增长速度缓慢的国家也将受到 RCEP 带来的区域一体化的积极影响，这些国家的国民福利将由原先的下降趋势转变为小幅上升趋势。

值得注意的是，RCEP 成员国国民福利的增长除了来自收入增长和贸易自由化的拉动，还会受到 RCEP 带来的技术扩散效应的影响。因此在各国经济增长率和原始技术等其他条件不变的情况下，RCEP 成员国的国民福利增幅会比非成员国更高。

7.3.3 敏感性分析

通过对关键参数进行不同取值，并对比结果的异同，可以观察本部分的数值模拟过程和结果是否依赖于关键参数的特定值，进而验证数值模拟结论的稳定性。在引力模型中，进行主观取值的关键参数有替代弹性和可贸易品比例。本部分将在前文数值模拟的基准情境下（技术扩散距离下降 20% 同时贸易成本下降 10%），允许产品替代弹性在连续区间 [5，10] 上任意取值，同时调整可贸易品比例的取值（0.1 和 0.9），根据结果来观察各国对华贸易和国民福利的动态变化规律是否稳定。

图 7-1、图 7-2 展示了当可贸易品比例不变但替代弹性取值发生变化时，中国对 51 国未来十年出口以及国民福利的数值模拟预测结果。由于产品替代弹性在连续区间 [5，10] 上的取值，结果呈现为三维曲面形态。为便于横纵向对比查看，图 7-1 仅列出具有区域代表性的 35 国和 ROW。

从图 7-1 各子图可以看出，无论是 RCEP 的成员国还是区域外的非成员国，在替代弹性取值发生连续变化时，各国对华贸易额模拟结果沿时间轴的变化规律是基本稳定的。其单调性均没有发生变化，但凹凸性可能会有转变。即预测值是单调增长或是单调下降的结论是稳定的，但这种变化是加速变化或减速变化的结论并不稳定，因此本章在表 7-2 至表 7-6 的结果中只列示了预测值曲线两个端点的比较。

从图 7-2 可以看出，随着替代弹性取值的变化，中国国民福利沿时间轴变化的变化规律都是单调递增，且凹凸性未发生变化。可见，关于

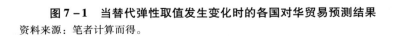

图 7 - 1　当替代弹性取值发生变化时的各国对华贸易预测结果

资料来源：笔者计算而得。

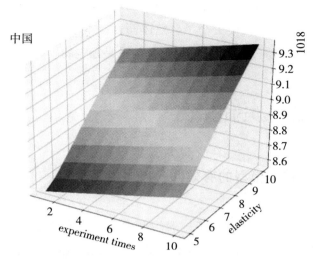

中国

1018

- 9.3
- 9.2
- 9.1
- 9.0
- 8.9
- 8.8
- 8.7
- 8.6

elasticity

experiment times

图 7 – 2　当替代弹性取值发生变化时的中国国民福利预测结果
资料来源：笔者计算而得。

中国国民福利的动态预测结论是稳定的。而其他各国国民福利预测结果
与此类似。无论是 RCEP 的成员国还是区域外的非成员国，各国国民福利
预测值沿时间轴变化的规律是稳定的，随着替代弹性 σ 取值的变化（此
时可贸易品比例取值不变，仍为 0.6），各国福利沿时间轴变化的单调性
和凹凸性均保持了稳定。可见，在 σ 取值发生变化时，关于各国国民福
利的动态预测结论是稳定的。

　　在此基础上，本章还调整了可贸易品比例的取值（0.1 和 0.9），同
时依然考虑替代弹性在区间［5，10］上的连续变化。得出各国对华贸易
与国民福利的规律性结论与图 7 – 1 和图 7 – 2 是类似的。无论是 RCEP 的
成员国还是区域外的非成员国，当替代弹性取值发生连续变化，同时可
贸易品比例取值为边界值 0.1 和 0.9 时，各国对华贸易额模拟结果沿时间
轴变化的规律仍然是稳定的。其单调性均没有发生变化，凹凸性的转变
情况和可贸易品比例取原始数值 0.6 时相同。由于 RCEP 主要影响的是可
贸易品部门，当可贸易品比例过大时，RCEP 对各国尤其是欠发达国家带
来的有利于技术扩散的效应会更强，那些原本技术水平较高的国家的技
术优势就会被抵消掉。日本也处于类似状况，虽然其国民福利的变化方

向没有向澳大利亚那样发生逆转，仍然保持了增长趋势，但增长幅度在可贸易品比例更大时反而更小了。整体而言，本章对各国国民福利的预测值是单调增长或是单调下降的规律性结论是稳定的。

7.4　进一步讨论

7.4.1　校准模型的有效性：历史数据检验

为了观察本部分全球动态一般均衡模型的参数校准结果的合理性，本章对校准后模型所得出的模拟值和取自现实世界的实际值进行了同时段对比检验。模拟值由结构性引力方程（使用 2010～2018 年的统计数据进行校准，替代弹性的取值考虑了 5、8、10 等不同情况）计算获得。实际值则为 2010～2018 年实际发生的中国对 51 国出口。对比结果如图 7-3 所示。与图 7-1 类似，为方便查看，仅列出具有区域代表性的 35 国和 ROW。

图 7-3 的横坐标为模拟年份，纵坐标为出口额的模拟值或实际值，由于二者单位不同，不具体对比纵坐标数值。从图 7-3 中可以看出，无论是区域内各主要国家的横向对比，还是单个国家数据的动态变化趋势，模拟值都较好地再现了实际历史数据的这两类特征。在替代弹性取值发生变化时，各区域模拟值所呈现出的区域贸易结构仍基本还原了贸易额的实际值。动态变化的比对分析结果也是合理的，仅中国对马来西亚、日本、印度尼西亚、沙特阿拉伯、巴西等国的实际出口额的短期波动在模拟值中体现的不甚明显，从长期变化趋势来看模拟值和实际值是基本符合的。因此，采用本部分得出的校准后模型进行数值模拟，其结果的动态变化和国家间对比的相关结论是较为可信的。

值得注意的是，中国对世界其他国家 ROW 出口数据的动态变化被模型较好地捕捉到，但模型低估了中国对 ROW 的出口规模，这可能是由于世界其他国家中包含了大量存在统计标准变化的国家所致。

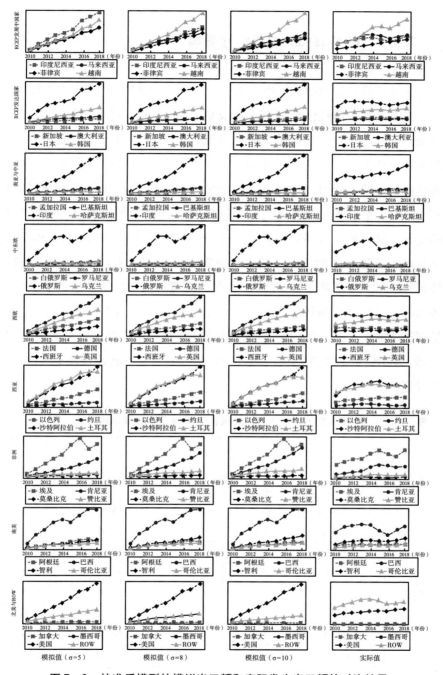

图 7-3 校准后模型的模拟出口额和实际发生出口额的对比结果

资料来源：笔者计算而得。

7.4.2 COVID-19 的持续性影响

在各国政府逐渐增加抗疫投入的背景下，COVID-19 疫情有可能在下个时期被控制，但经济全面恢复需要更长的时间。与世界其他主要国家相比，中国的抗疫工作成效显著。因此在分析中国对外出口变化时，本部分将疫情影响主要嵌入了模型的需求侧，即重点考虑了中国的出口目的地国家的购买能力（国民收入）会在疫情影响下发生下降的情形。根据本章的一般均衡结果，这将导致该贸易伙伴国的国民福利和对华贸易的变化。具体地，本部分的扩展性分析仍以技术扩散距离下降20%同时贸易成本下降10%的情况为基准，分别考虑了未来十年中国与各贸易伙伴国经济增长率下降20%和50%的两种情境。前一种情境意味着疫情对各国经济的持续影响较轻，后一种情境则意味着疫情严重影响了各国的长期经济增长。COVID-19 产生不同持续性影响的情境对比结果如表 7－10 所示，为便于 RCEP 参与方与域外国家的纵向对比，此处对各地区进行了合并报告。

表 7－10　　不同程度的疫情持续对各国国民福利、对华贸易的影响　　单位：%

国家和地区		疫情影响较轻		疫情影响严重	
		国民福利	对华贸易	国民福利	对华贸易
	中国	91.51	—	52.19	—
RCEP	印度尼西亚	46.93	36.75	34.53	25.21
	马来西亚	23.88	9.96	19.92	6.44
	菲律宾	45.51	38.23	30.97	24.42
	新加坡	36.19	18.89	27.43	11.24
	泰国	48.23	38.31	33.05	24.15
	越南	77.32	56.40	47.79	30.36
	澳大利亚	－3.87	－17.78	－10.45	－23.41
	日本	1.84	－1.80	0.42	－3.17
	韩国	44.03	41.24	27.97	25.49
	新西兰	44.21	21.90	39.70	18.09

国家和地区		疫情影响较轻		疫情影响严重	
		国民福利	对华贸易	国民福利	对华贸易
南亚	印度	135.33	74.58	73.79	28.92
	孟加拉国	62.70	20.70	37.14	1.74
	巴基斯坦	78.04	32.08	45.26	7.76
中亚	哈萨克斯坦	-48.92	-62.11	-57.44	-68.43
	吉尔吉斯斯坦	29.62	-3.85	18.73	-11.92
	乌兹别克斯坦	-45.70	-59.72	-54.00	-65.87
西亚	以色列	48.88	10.44	29.61	-3.85
	约旦	38.49	2.74	23.80	-8.16
	沙特阿拉伯	14.78	-14.85	9.98	-18.41
	土耳其	-40.14	-55.59	-47.92	-61.37
	也门	-44.40	-58.75	-52.59	-64.83
中东欧	白俄罗斯	-37.43	-53.58	-44.91	-59.13
	保加利亚	39.37	3.39	24.30	-7.79
	罗马尼亚	42.04	5.37	25.80	-6.67
	俄罗斯	-54.77	-66.45	-63.57	-72.98
	乌克兰	-42.52	-57.36	-50.54	-63.31
西欧	丹麦	9.31	-18.91	6.67	-20.87
	法国	-0.81	-26.41	-1.59	-26.99
	德国	11.92	-16.97	8.26	-19.69
	希腊	-9.35	-32.75	-12.09	-34.78
	荷兰	10.77	-17.82	7.56	-20.21
	波兰	17.68	-12.70	11.72	-17.12
	西班牙	12.08	-16.85	8.35	-19.62
	瑞典	-9.41	-32.79	-12.16	-34.84
	英国	6.89	-20.71	5.18	-21.97
非洲	阿尔及利亚	-28.18	-46.72	-34.42	-51.35
	埃及	-21.43	-41.71	-26.55	-45.51
	突尼斯	-21.51	-41.77	-26.65	-45.59
	肯尼亚	95.23	44.83	54.09	14.31
	马达加斯加	21.98	-9.51	14.27	-15.23
	莫桑比克	-24.63	-44.09	-30.30	-48.29
	赞比亚	-3.83	-28.65	-5.33	-29.77

国家和地区		疫情影响较轻		疫情影响严重	
		国民福利	对华贸易	国民福利	对华贸易
北美	加拿大	-13.07	-35.51	-16.60	-38.13
	墨西哥	-5.63	-29.99	-7.54	-31.41
	美国	35.01	0.16	21.83	-9.62
南美	阿根廷	-15.94	-37.64	-20.04	-40.68
	巴西	-45.32	-59.44	-53.59	-65.57
	智利	11.79	-17.07	8.18	-19.75
	哥伦比亚	-25.72	-44.89	-31.57	-49.23
	秘鲁	11.48	-17.30	7.99	-19.89
	乌拉圭	-4.17	-28.91	-5.75	-30.08
ROW		10.99	-17.66	7.69	-20.11

从表7-10可以看出，在疫情影响较轻的情境下，无论是成员国还是非成员国，其国民福利和对华贸易整体上都要好于疫情影响较严重的情境。但是，即使在疫情严重影响了各国的长期经济增长的情境下，除澳大利亚外，RCEP各成员国依然保持了国民福利的增加趋势，中国的国民福利仍将呈现52.19%的较高增幅；除澳大利亚和日本外，大部分RCEP成员国的对华贸易也在此情境下保持了增加趋势。

疫情对非成员国的分地区影响基本类似于基准情景。南亚和部分非洲国家正处在高速增长阶段，在疫情影响下仍能保持一定速度的福利提升和对华贸易额增加，如孟加拉国、巴基斯坦、印度和肯尼亚。这些国家即使在疫情影响严重的情形下也预测会产生40%左右的福利增长，同时对华贸易额也没有下降。而除了上述地区之外，中国对世界其他地区大部分国家的出口会受到疫情和贸易转移效应的综合影响而经历程度不同下降：

西欧和北美发达国家的对华贸易降幅相对较小。在疫情影响严重的情形下，中国对法国、德国、英国的出口额将在未来十年下降20%左右，对美国的出口额将下降近10%；同时这些国家由于自身技术水平和经济发展状况，其国民福利在长期并未受到太大影响。

中亚、西亚、中东欧和南美地区各国在 COVID-19 疫情影响下的福利与对华贸易变化呈现出较大的国别差异。西亚地区的以色列、约旦和沙特阿拉伯的表现相对稳定，国民福利呈现增长趋势，对华贸易呈基本稳定或小幅下降趋势；但土耳其和也门的国民福利和对华贸易呈现较大幅度的下降。在中东欧地区，保加利亚和罗马尼亚的表现相对稳定，国民福利呈现增长趋势；但俄罗斯、乌克兰、白俄罗斯的国民福利和对华贸易出现较大幅度的下降。南美洲整体表现均不乐观，除智利和秘鲁外的其他南美国家的国民福利均呈现下降趋势。尤其是巴西，其国民福利在未来十年预测下降 53.59%，对华贸易预测下降 65.57%。

归总来看，在成员国较为集中的东亚和大洋洲地区，RCEP 对疫情的负面影响起到了一定的抵御作用。在 COVID-19 对经济的持续影响较强的模拟背景下，RCEP 成员国的国民福利和对华贸易依然呈现出整体增长的趋势。其他地区的非成员国的预测结果则存在较大的异质性，这和一国的经济增长速度、技术水平、要素禀赋、原始贸易壁垒等变量有关。

7.4.3　新加入成员国的影响

本章节以参加 RCEP 多轮谈判的印度为例，对印度未来是否加入 RCEP 的情形进行了对比，以观察未来 RCEP 的成员国范围发生改变时的影响。为便于和之前几种情况相比较，两类距离下降水平的设置仍以贸易成本下降 10% 同时技术扩散距离下降 20% 的情况为基准，但将印度纳入为 RCEP 成员国家。根据印度加入与否的情境对比结果，印度的加入对自身影响更大，对中国和其他国家（无论是成员国还是非成员国）的影响十分有限。在印度加入 RCEP 之前，其未来对华贸易额本身就是预测上升的，在加入后这个增幅由 50.89% 增加到了 113.91%，这意味着该国和中国更强的经济联系。同时印度的国民福利也将经历更大幅度的上升。

整体而言，一国新加入 RCEP 会增加这个国家自身的对华贸易，并使所有其他国家的对华贸易额小幅下降。同时，更多国家加入 RCEP 意味着范围更广的贸易自由化，这将使得世界各国的国民福利小幅增加。由于RCEP现有成员国的总规模已经比较庞大，个别成员国更迭带来的各类边际效应都将是有限的。

7.5　本章小结

　　作为一项规模空前的区域经济合作协议，RCEP的签署和实施将会给各国国民福利和区域贸易结构带来重要影响，这一过程可能通过两种渠道实现：一是传统的贸易成本渠道，如RCEP协议中降低关税壁垒和非关税壁垒的具体条款，这将提升区域贸易自由化水平；二是技术扩散渠道，如RCEP协议中知识产权、中小企业合作、技术援助便利、电信基础设施合作等有利于成员国之间技术转移的条款，这将促进不同发展阶段的成员国之间的技术传播。通过将这两种渠道的代表性变量（贸易距离和技术扩散距离）分别嵌入模型的需求侧和供给侧，本章构建了包含52个国家的全球动态一般均衡引力模型。在对校准后模型的可信程度进行验证之后，本章基于多种未来可能出现的政策情境进行了数值模拟，全面预测了RCEP对各国福利和对华贸易的影响情况，并对关键参数进行了敏感性分析和历史数据对比验证，得出了稳定的规律性结果。本部分关于RCEP多边影响的基本结论总结如下：

　　（1）RCEP将会改变中国的出口地区结构，但不会使中国的总出口在下个时期大幅增加。

　　从各组数值模拟结果中均可发现，中国对RCEP成员国的出口额在未来十年将会整体增加，其中，中国对RCEP成员国中的较不发达国家出口的增幅会更大。但对于东亚和大洋洲之外的RCEP非成员国，其未来的对华贸易变化存在明显的国家异质性，中国对部分非成员国的出口受到RCEP贸易转移效应的影响尤为严重。在未来十年：中国对于正处于高速发展时期的RCEP非成员国的出口额基本保持了上升态势，这类国家集中在南亚和非洲地区；中国对西欧、北美发达国家的出口额基本保持稳定，在 RCEP 强贸易自由化情境下可能会出现一定幅度下降；中国对西亚、中东欧、南美地区的低增长率发展中国家的出口额受到 RCEP 的贸易转移影响最为严重，中国对土耳其、俄罗斯和巴西的出口额在 RCEP 强贸易自由化情境下的降幅高达 70% 以上。

加总来看，中国在 RCEP 弱贸易自由化情境下对 51 个主要贸易伙伴国（包括成员国和非成员国）的总出口在未来十年将上升 7.84%，但在 RCEP 强贸易自由化情境下，中国对各国的总出口反而会下降 27.57%。这是由于后一种情境将带来更大的贸易转移效应所致。

（2）RCEP 将提高世界各国的国民福利水平，其中 RCEP 成员国的提升幅度更大。

从基准数值模拟结果中可以看出，RCEP 使世界各国福利都上升了，这得益于 RCEP 带来的区域一体化提高了全球整体的经济开放水平。新兴经济体由于经济增长速度较快，其国民福利在 RCEP 的积极影响下将经历更大幅度的福利增加。而部分增长速度较为缓慢的国家也将受到 RCEP 带来的区域一体化的积极影响，这些国家（如法国、墨西哥、赞比亚、乌拉圭等）的国民福利将由原先的下降趋势转变为小幅上升趋势。值得注意的是，成员国国民福利的增长除了来自 RCEP 的区域一体化效应和自身经济增长的拉动，还会受到 RCEP 带来的技术扩散效应的影响。因此在各国经济增长率和原始技术等其他条件不变的情况下，RCEP 成员国的国民福利增幅会比非成员国更高。

与一些国内学者的预计相类似，本章也得出了 RCEP 签订后中国国民福利将持续增长的结论。在扩展性分析中本部分进一步得出，即使在 COVID-19 疫情严重影响各国经济的情境下，中国的福利水平依然可以维持 4.29% 的年均增长率。

（3）印度在未来是否加入 RCEP 不会对中国对外经济产生重大影响。

根据扩展性分析中的数值模拟结果，印度加入 RCEP 会增加印度自身的福利和对华贸易额，并使所有其他国家的对华贸易额小幅下降，同时范围更广的贸易自由化意味着世界各国的国民福利小幅增加。由于 RCEP 现有成员国家的规模已经比较庞大，新增成员国带来的各类边际效应都将是有限的。

（4）RCEP 成员国对于 COVID-19 疫情持续性影响的抵御能力更强。

从扩展性分析的数值模拟结果可以看出，在疫情影响较严重的情境下，无论是成员国还是非成员国，其国民福利和对华贸易都比疫情影响较轻时下降了。但整体而言，在成员国较为集中的东亚和大洋洲地区，RCEP 对疫情的负面影响起到了一定的抵御作用。在 COVID-19 对经济的持续影响较强的模拟背景下，大部分 RCEP 成员国的国民福利和对华贸易依然呈现出增长趋势。

其他地区的 RCEP 非成员国在 COVID-19 疫情持续影响下的预测结果则存在较大的异质性，这和一国的自身的发展情况有关。COVID-19 疫情对西欧和北美发达国家的影响相对较小，对中亚、西亚、中东欧和南美地区的低增长率国家的负面影响更强。即使在疫情影响严重的情境下，中国对法国、德国、英国、美国的出口额也仅下降了 20% 左右，同时这些国家的国民福利在长期并未受到太大影响。但如西亚地区的土耳其和也门，中东欧地区的俄罗斯、乌克兰、白俄罗斯，南美洲的巴西，它们在疫情影响下的国民福利和对华贸易均出现了大幅度下降。

8

结论与展望

8.1 研究结论与政策建议

8.1.1 研究结论

近半个世纪以来，世界各地的区域合作平台层出不穷，关于 RTA 的多边效应研究也在不断增加。引力模型对于 RTA 的双边贸易扩张进行了很好的描述，但对于 RTA 的多边转移效应，大量研究将其置于多边阻力变量的"黑箱"，仅仅关注代表多边阻力的某个变量整体，而不对这个变量的解析形式以及多边贸易成本、多边经济规模在其中发挥的作用进行分析，所以无法在理论上全面解释 RTA 的多边效应。本书针对安德森和温库普（2003）提出的不可解析的多边阻力变量形式，对其基础模型进行了三个方向的扩展，求出了总出口、世界市场与贸易成本矩阵行列式所代表的三个多边阻力变量，在一般均衡求解的基础上打开了对多边阻力变量"黑箱"，全面分析了 RTA 的多边效应。还根据校准多边阻力模型预测了中国参与 RCEP 合作背景下的 RTA 多边效应。为模拟分析 RTA 的未来影响提供了一个新的模型方法。

本书的主要理论研究结果如下：

（1）无论是单边合作还是多边合作，RTA 对贸易流的影响同时存在两个可以体现于理论引力模型中的有效渠道，即双边贸易成本和多边阻力变量，而多边阻力变量的具体结构应当根据国家规模进行调整。

在安德森和温库普（2003）经典引力模型求解思路的基础上，针对多边阻力变量不可解析的情形，本书对模型进行了扩展，通过两个代表性企业一般均衡模型和一个异质性企业一般均衡模型，得出了揭示 RTA 影响贸易流即贸易效应的两条不同渠道。

（2）RTA 对一国贸易的影响不仅体现在宏观层面的贸易流上，还会对一国产生微观层面的影响。主动进行贸易自由化的 RTA 参与方将变成更好的出口地，其跨国企业也将获得更好的进入其他市场的机会。

这种贸易环境的改善具体表现在生产率、规模、价格、加价等微观层面。根据第 6 章异质性企业多边引力模型的分析结论，在不同情形下，不同种类的 RTA 参与方的截断成本都将比非参与方更低，这将带来该国更高的企业平均生产率和更好的企业平均财务表现。这丰富了安德森和温库普（2003）、诺威（2006）等经典引力模型对于贸易效应的分析内容。

（3）无论是单边合作还是多边合作，RTA 的贸易效应大小和双边原有成本正相关，和双边原有贸易额占对外经济比例正相关，对外依存度较高的国家受到 RTA 的影响会更强。

前者说明 RTA 缔结之前如果双方的贸易成本很高，RTA 的效果将会更显著；后者则说明 RTA 缔结的效果和双方的原有贸易规模正相关。如果一国是出口导向型国家，其将会受到更强的多边影响，RTA 的直接效应也将被多边阻力更大的削弱，这与利普西（1960）和萨默斯（1990）关于贸易效应影响因素的观点是一致的。同时，出口对象国经济规模越大，其产生的阻力就会越明显。实际上根据引力模型所刻画的关系，和贸易额所占份额的影响方向是一致的。整体而言，两个互为重要贸易合作伙伴的国家缔结 RTA 的得益会更高，同时受到来自其他 RTA 的多边影响也将更大。

8.1.2　主要创新点

结合上述研究内容与发现，本书的创新性工作体现在以下方面：

（1）构建了以多边阻力变量为核心的 RTA 多边效应的引力模型分析框架，丰富并完善了国内 RTA 贸易效应分析的理论体系。

多边阻力变量综合了 RTA 对参与方与非参与方（尤其是后者）的全面影响，但由于首次具体提出多边阻力概念的安德森和温库普（2003）的研究采用了一组不可解的隐函数来表达多边阻力变量，相当多的后续研究都致力于打开多边阻力变量的"黑箱"，来具体观察 RTA 的多边影响。但目前对这一传导渠道的研究缺乏理论基础，尚未形成体系。本书从概念框架、逻辑框架和数理框架三个层面系统性地构建了以多边阻力为核心的 RTA 多边贸易效应分析框架。具体揭示了多边阻力影响贸易的三种机制——总出口、加权贸易成本、距离矩阵，并在后续章节详细讨论了这三种机制产生影响的机理，构建了不同假设下分析 RTA 多边影响的多边阻力引力模型。

（2）为模拟分析 RTA 的未来影响提供了一个新的模型方法，该方法保持了数理分析和政策研究的模型一致性，可以多视角观察 RTA 对参与方和非参与方的不同影响。

现有关于 RTA 影响的研究大都采用引力模型方法和可计算一般均衡方法（陈虹和杨成玉，2015）。其中引力模型方法的缺陷在于微观理论基础的缺乏，这一点导致了引力模型形式更多时候是被主观设定出来，而非一般均衡的结果。这个缺陷让引力模型的实证研究结论缺乏更深层次的经济学解释，也使得其他依赖于具体模型结构的数值分析方法难以实现。本书首先构建了一个具有微观基础的引力模型理论框架，并在其基础上根据研究侧重的不同扩展出三个具有不同多边阻力变量形态的一般均衡引力模型，可解析的多边阻力变量使得对"意大利面条碗"现象进行数理分析成为可能。这丰富了安德森和温库普（2003）、诺威（2006）等经典引力模型对于贸易效应的分析内容。同时在对三个多边引力模型一般均衡解的比较静态分析中，本书详细区分了 RTA 的不同类型（单边与多边），以及影响国家的不同属性（参与方与非参与方），这细化了对 RTA 贸易效应的分析视角，也使分析结果更具针对性。

（3）考虑异质性企业情形下的 RTA 影响方式，构建了异质性企业引力模型，得以从微观与宏观相结合的角度来分析 RTA 的多边效应。

传统的一般均衡引力模型采用了同质的代表性企业分析，仅关注宏观变量之间的相互关系，无法区分不同企业层面变量受到 RTA 的不同影响，如生产率、企业销售规模、产品价格、产品加价等。本书将多边引力模型求解推广到异质性企业情形，在以截断成本为核心的一般均衡解中考虑不同种类 RTA 对于参与方与非参与方的不同影响，其宏观层面的结论与传统引力模型相一致：RTA 将通过影响双边贸易成本影响双边贸易流，同时还将通过多边阻力变量产生多边影响。但异质性企业引力模型的创新之处在于，其结论还包含了 RTA 对于贸易环境的影响：平均成本、价格和加价都会在 RTA 参与方国内下降而在第三国上升，主动进行贸易自由化的 RTA 参与方变成了更好的出口地。这无疑扩展了分析 RTA 多边影响的理论结论与其政策含义。

8.1.3 政策建议

研究区域一体化的多边贸易效应至少具有以下两个方面的重要意义：其一：细化多边贸易效应传导过程，提高对 RTA 影响的全面认识与事前分析能力；其二，探索评估 RTA 影响的政策模拟研究方法，该方法保持了事前事后分析的模型一致性。基于上述研究结论，本书的政策建议非常直观：

（1）对于一个存在"意大利面条碗"现象的地区，一个国家在评估 RTA 效果时应该考虑双边贸易成本变化以及多边因素变化（体现于引力模型中为多边阻力变量）带来的综合性影响。

本书得出中国参与的 RTA 对中国出口的影响同时存在双边渠道和多边渠道，因而，不考虑多边阻力在 RTA 合作中的变化会影响 RTA 政策评估效果。同时，小国和大国面对的多边影响存在结构性不同，大国无论是作为 RTA 的参与方还是非参与方，需要在多边阻力变量中考虑国家规模因素，采用加权多边阻力来评估 RTA 的多边贸易转移效应。如果采用了不考虑国家规模的贸易距离矩阵进行多边影响评估，则需要面对一个变动的截距项，影响政策研究的准确性。一国的政策制定部门应当在 RTA 形成之前就对其综合影响有全面的认识。

（2）一国在选择 RTA 合作伙伴时，应当考虑与合作参与方家的原有双边成本、原有双边贸易额等重要相关变量对于 RTA 多边效应的影响。

由于 RTA 的贸易效应大小和参与双方原有成本正相关，和参与双方原有贸易额占对外经济比例正相关，如果在缔结 RTA 之前，出口对象国已经占据出口国较大的出口比例，其缔结 RTA 的得益会更高，同时受到来自其他 RTA 的多边影响也将更大。如果一国是出口导向型国家，其将会受到更强的多边影响，RTA 的直接效应也将被多边阻力更大的削弱。另外，由于国家规模会显著地影响多边阻力，出口对象国经济规模越大，其产生的阻力就会越明显。对于大国而言，在决策是否参与某个 RTA 时，需要更为谨慎地考虑 RTA 对其整个对外经济结构的影响。

（3）应当在 RTA 宏观贸易效应的基础上纳入其对于贸易环境产生的微观影响，构建更为全面的 RTA 评估体系。

本书第 6 章的异质性企业多边引力模型展现了 RTA 通过截断成本对一国市场的竞争激烈程度的影响，这将进一步影响该国的贸易环境与企业表现。主动进行贸易自由化的 RTA 参与方将变成更好的出口地：因为它们获得了更好的进入其他市场的机会。这种贸易环境的改善具体表现在生产率、规模、价格、加价等企业财务表现指标上。如果将这些变量纳入 RTA 评估体系，其得出的评估结果对于一国政府的决策将具有更全面的参考价值，同时其结果还可以服务于跨国公司对于产品出口方向的判断。

（4）在保留传统贸易自由化措施的同时，应当基于知识产权保护、中小企业合作、经济技术援助、跨境电子商务等当代 RTA 新条款，积极探索区域经贸合作的新模式。

RCEP 会对中国的对外经济形势带来积极影响，但 RCEP 贸易自由化措施的执行力度不宜过大。一定程度的 RCEP 贸易自由化措施对中国的总出口和国民福利都是有益的，但当 RCEP 成员国之间的总贸易成本下降幅度过大时（超过 30%），中国的总出口将会下降，出口地区结构也会出现明显变动。中国对西亚、中东欧和南美的部分国家的出口可能因此出现剧烈下滑。由于降低贸易成本带来的成效有限，RCEP 合作可以在传统的贸易自由化模式中融入有利于国家间技术扩散和跨境电子商务等新措施，使 RCEP 内部较不发达成员国的生产、销售等环节的技术来源更加优化，进而为区域整体经济发展和贸易繁荣增添新动能。

8.2　下一步研究方向

　　囿于笔者研究能力和目前的研究条件，本书所做的工作仍属于抛砖引玉，对于引力模型框架下 RTA 的多边贸易效应的研究，尚有巨大的提升空间。

　　理论方面，本书基于经典的多边阻力引力模型，在局部均衡分析的框架下探讨了 RTA 对多边贸易流的两条不同影响渠道的一般机理，并结合不同的要素市场设置与企业生产率的随机分布假设等情形将其扩展到更加符合经济实际的具体情形，通过（随机）一般均衡分析，产生了两个代表性企业多边阻力引力模型和一个异质性企业多边阻力引力模型。然而，如何将本书的数理框架扩展到动态环境，去探讨均衡贸易结构的存在性与达到均衡的路径等议题，仍有待于进一步的研究。

　　实践方面，本书提出 RTA 对贸易流影响的两个渠道，并且详细阐述了多边阻力渠道的作用机理，即 RTA 通过影响多边阻力，影响整个区域的贸易流结构的情形，这种多边影响还将扩展到微观层面。但对于微观层面的异质性企业模型采用了梅里兹（2003）的企业行为简化假设，其在生产技术、中间产品设置、产品横向差别设置上都存在细化提升空间。同时，微观层面的 RTA 效应还需要进一步的经验研究进行识别。在政策模拟研究过程中，本书参考诺威（2006）、钱学峰和梁琦（2008）的研究，间接测算出了中国的对外贸易成本。这个间接法获得的结果虽然纳入了全部贸易过程中的总成本，但却难以分析总贸易成本中的构成结构，以及 RTA 所具体影响到的是哪一部分，因此在模拟预测小节，本书也只能考虑 RTA 对于贸易成本的整体性影响，并辅之以 RTA 对贸易成本不同影响情形的稳健性检验。应该如何把 RTA 的具体影响纳入计算贸易成本的间接测算模型（间接法），或是考虑 RTA 全部影响后的贸易成本应当如何加总（直接法），需要结合国际商务活动的实际运行过程进一步开展分析。

第 8 章　结论与展望

参 考 文 献

[1] 曹宏苓. 一般均衡分析在自由贸易区研究中的应用 [J]. 国际经贸探索, 2005 (6): 4-7.

[2] 陈虹, 杨成玉. "一带一路"国家战略的国际经济效应研究——基于 CGE 模型的分析 [J]. 国际贸易问题, 2015 (10): 4-13.

[3] 陈淑梅, 林晓凤. 全球价值链视角下中国 FTA 的贸易效应再检验 [J]. 东南大学学报 (哲学社会科学版), 2018 (3): 32-42.

[4] 陈硕颖, 张唯劼. 构建中韩双边自由贸易区的前景探讨——基于货物贸易的视角 [J]. 国际经贸探索, 2008 (7): 24-27.

[5] 陈媛媛, 李坤望, 王海宁. 自由贸易区下进、出口贸易效应的影响因素——基于引力模型的跨国数据分析 [J]. 世界经济研究, 2010 (6): 39-45.

[6] 程伟晶, 冯帆. 中国-东盟自由贸易区的贸易效应 [J]. 国际经贸探索, 2014 (2): 4-16.

[7] 程中海, 袁凯彬. 中国-欧亚经济联盟 FTA 的经贸效应模拟分析——基于 GTAP 模型及偏效应分解 [J]. 世界经济研究, 2017 (1): 96-108.

[8] 东艳. 区域经济一体化新模式: "轮轴-辐条"双边主义的理论与实证分析 [J]. 财经研究, 2006, 32 (9): 4-18.

[9] 杜威剑, 李梦洁. 中日韩自由贸易区建立的经济影响——基于局部均衡模型的分析 [J]. 国际经贸探索, 2015 (3): 31-41.

[10] 高越, 李荣林. APEC 成员间结成的 FTA 的贸易效应研究 [J]. 国际贸易问题, 2010 (11): 54-59.

［11］韩剑，庞植文.中国－加拿大建立自贸区的贸易潜力和福利效应——基于 WITS－SMART 模拟的实证研究［J］.亚太经济，2017（6）：64－71.

［12］侯明，李淑艳.制度安排与东北亚地区贸易发展［J］.东北师大学报（哲学），2005（6）：57－60.

［13］胡俊芳.中日韩自由贸易区贸易效果的实证分析［D］.上海：复旦大学，2005.

［14］姬艳洁，董秘刚.基于巴拉萨模型的中国新西兰 FTA 贸易效应研究［J］.亚太经济，2012（6）：42－46.

［15］匡增杰.中日韩自贸区的贸易效应研究［D］.上海：上海社会科学院，2014.

［16］郎永峰，尹翔硕.中国－东盟 FTA 贸易效应实证研究［J］.世界经济研究，2009（9）：76－80.

［17］李春顶，郭志芳，何传添.中国大型区域贸易协定谈判的潜在经济影响［J］.经济研究，2018（5）：132－145.

［18］李海莲，韦薇.中国区域自由贸易协定中原产地规则的限制指数与贸易效应研究［J］.国际经贸探索，2016（8）：64－75.

［19］李荣林，赵滨元.中国当前 FTA 贸易效应分析与比较［J］.亚太经济，2012（3）：110－114.

［20］林玲，王炎.贸易引力模型对中国双边贸易的实证检验和政策含义［J］.世界经济研究，2004（7）：54－58.

［21］刘岩.中国潜在自贸区伙伴的选择战略：基于贸易效应的局部均衡分析［J］.国际商务（对外经济贸易大学学报），2013（4）：15－26.

［22］柳青，刘宇，徐晋涛.汽车尾气排放标准提高的经济影响与减排效果——基于可计算一般均衡（CGE）模型的分析［J］.北京大学学报（自然科学版），2016，52（3）：515－527.

［23］吕宏芬，郑亚莉.对中国－智利自由贸易区贸易效应的引力模型分析［J］.国际贸易问题，2013（2）：49－57.

［24］孟灵玥.TPP 贸易效应及对我国的影响［J］.对外经贸，2016

（2）：34 – 36.

[25] 钱金宝，才国伟．多边重力方程的理论基础和经验证据 [J]．世界经济，2010（5）：65 – 81.

[26] 钱进，王庭东．环亚太重叠式自贸区对中国双边经济的效应分析——基于 GMM 的实证研究 [J]．亚太经济，2017（2）：27 – 32.

[27] 钱学锋，龚联梅．贸易政策不确定性、区域贸易协定与中国制造业出口 [J]．中国工业经济，2017（10）：81 – 98.

[28] 沈铭辉，张中元．中韩 FTA 的经济效应——对双边贸易流的经验分析框架 [J]．中国社会科学院研究生院学报，2015（3）：134 – 144.

[29] 盛斌，廖明中．中国的贸易流量与出口潜力：引力模型的实证 [J]．世界经济，2004（2）：3 – 12.

[30] 石季辉，刘兰娟，王军．财政民生支出 CGE 模型闭合条件的选择与检验 [J]．数量经济技术经济研究，2011（9）：75 – 89.

[31] 史智宇．中国东盟自由贸易区贸易效应的实证研究 [D]．上海：复旦大学，2004.

[32] 王珏，冯宗宪．"一带一路"区域合作的贸易效应分析——基于一个具有微观基础的全局引力模型 [J/OL]．中国经济学学术资源网，2015.

[33] 王开，靳玉英．中国自由贸易协定的出口效应——基于商品技术含量的分行业研究 [J]．世界经济研究，2014（2）：29 – 34.

[34] 王铠磊．国际贸易流量的影响因素 – 基于贸易引力模型和中国数据的实证分析 [J]．世界经济情况，2007（12）.

[35] 王丽华．东亚地区服务贸易合作研究 [D]．天津：南开大学，2012.

[36] 王士权，常倩，王宇．CNFTA 背景下中国牛羊肉进口变化特征与贸易效应——基于 DID 和 Heckman 两步法的实证分析 [J]．农业技术经济，2016（4）：114 – 124.

[37] 魏巍贤．人民币升值的宏观经济影响评价 [J]．经济研究，2006（4）：47 – 57.

［38］魏巍. 中韩自由贸易区的可行性及预期经济效应研究 ［D］. 济南：山东大学，2008.

［39］吴丹. 制度因素与东亚双边贸易 ［J］. 经济经纬，2008（3）：47－49.

［40］谢杰，刘学智. 直接影响与空间外溢：中国对非洲农业贸易的多边阻力识别 ［J］. 财贸经济，2016，37（1）：119－132.

［41］徐滇庆. 现代经济学前沿专题（第二集）：可计算一般均衡模型（CGE）及其新发展 ［M］. 北京：商务印书馆，1993.

［42］徐芬，刘宏曼. 中国农产品进口的自贸区贸易创造和贸易转移效应研究——基于 SYSGMM 估计的进口需求模型 ［J］. 农业经济问题，2017（9）：76－84.

［43］徐婧. CAFTA 对中国和东盟货物贸易效应差异的实证研究 ［D］. 上海：上海社会科学院，2008.

［44］姚树洁，冯根福，王攀等. 中国是否挤占了 OECD 成员国的对外投资？［J］. 经济研究，2014（11）：43－57.

［45］余振，葛伟，陈继勇. 中国—东盟 FTA 的贸易结构效应 ［J］. 经济管理，2013（12）：1－10.

［46］原瑞玲，田志宏. CAFTA 如何改变中国—东盟的农产品贸易——第一个十年的证据 ［J］. 农业经济问题，2014（4）：58－63.

［47］原瑞玲，田志宏. 中国－东盟自贸区农产品贸易效应的实证研究 ［J］. 国际经贸探索，2014（4）：65－74.

［48］原瑞玲. 自由贸易区农产品贸易效应及其测度研究 ［D］. 北京：中国农业大学，2014.

［49］张焦伟. FTA 的经济效应与我国伙伴选择策略研究 ［D］. 天津：南开大学，2009.

［50］赵金龙，赵明哲. CAFTA 对中国和东盟六国双边贸易的影响研究 ［J］. 财贸经济，2015（12）：89－102.

［51］赵亮，陈淑梅. 经济增长的"自贸区驱动" ［J］. 经济评论，2015（1）：92－102.

[52] Abdelkhalek T. , Dufour J. Statistical inference for computable general equilibrium models, with application to a model of the Moroccan economy [J]. *Review of Economics and Statistics*, 1998, 80 (4): 20 –534.

[53] Abler D. G. , Rodriguez A. G. , Shortle J. S. Parameter uncertainty in CGE modeling of the environmental impacts of economic policies [J]. *Environmental and Resource Economics*, 1999, 14 (2): 75 –94.

[54] Aitken N. D. The Effect of The EEC and EFTA on European Trade: Temporal Cross Section Analysis [J]. *American Economic Review*, 1973 (5): 881 –892.

[55] Anderson J. E. , van Wincoop E. Gravity with Gravitas: A Solution to the Border Puzzle [J]. *Amercian Economic Review*, 2003, 69 (1): 106 –116.

[56] Anderson J. E. , van Wincoop E. Trade Costs [J]. *Journal of Economic Literature*, 2004, 42 (3): 691 –751.

[57] Anderson J. E. , Yotov Y V. The Changing Incidence of Geography [J]. *American Economic Review*, 2010, 100 (5): 2157 –2186.

[58] Anderson J. E. A Theoretical Foundation for the Gravity Equation [J]. *American Economic Review*, 1979, 69 (1): 106 –116.

[59] Antras P. , Foley F. Costs and Benefits of Regional Economic Integration [M]. Oxford: Oxford University Press, 2010.

[60] Antras P. , Staiger R. Offshoring and the Role of Trade Agreements [R]. *Working Paper*, 2010.

[61] Arndt S. On Discriminatory & Non-preferential Tariff Policies [J]. *Economics Journal*, 1968 (78): 971 –979.

[62] Ashizawa K. Japan's Approach Toward Asia Regional Security: From Hub-and-Spoke Bilateralism to Multi-Tiered [J]. *The Pacific Review*, 2003, 16 (3): 361 –382.

[63] Asplund M. , Nocke V. Firm Turnover in Imperfectly Competitive Markets [J]. *Review of Economic Studies*, 2006 (73): 295 –327.

[64] Baier S. L. , Bergstrand J. F. The Growth of World Trade: Tariffs,

Transport Costs, and Income Similarity [J]. *Journal of International Economics*, 2001 (53): 1 – 27.

[65] Balassa. Trade creation and diversion in the European Common Market: An appraisal of the evidence [M]. Amsterdam: North-Holland Publishing Company, 1975.

[66] Baldwin R. E. , Forslid R. Trade Liberalization with Heterogeneous Firms [J]. *Review of Development Economics*, 2010, 14 (2): 161 – 176.

[67] Baldwin R. E. , Venables A. J. Handbook of International Economics [M]. Amsterdam: Elsevier Science Publishing, 1995.

[68] Baldwin R. Towards an Integrated Europe [M]. London: CERP, 1994.

[69] Barbara M. R. Calibration Procedure and the robustness of CGE models: Simulation of a model of Poland [J]. *Economics of Planning*, 1994 (27): 189 – 210.

[70] Bergstrand J. H. The Generalized Gravity Equation, Monopolistic Competition, and the Factor-Proportions Theory in International Trade [J]. *Review of Economics and Statistics*, 1989, 71 (1): 143 – 153.

[71] Bhagwati J. , Srinivasan T. N. Trade and Poverty in the Poor Countries [J]. *American Economic Review*, 2002, 92 (2): 180 – 183.

[72] Bhagwati J. New Dimensions in Regional Integration [M]. Cambridge: Cambridge University Press, 1993.

[73] Boucekkine R. , Camacho C. , Zou B. T. Bridging the Gap between Growth Theory and the New Economic Geography: The Spatial Ramsey Model [J]. *Macroeconomic Dynamics*, 2009 (13): 20 – 45.

[74] Chang W. , Winters A. L. How Regional Blocs Affect Excluded Countries: The Price Effects of MERCOSUR [J]. *American Economics Review*, 2002 (92): 889 – 904.

[75] Corden W. M. Trade Policy and Economic Welfare [M]. Oxford: Oxford University Press, 1974.

[76] Deardorff A. V. Determinants of Bilateral Trade: Does Gravity Work in a Neoclassical World? [R]. *NBER Working Paper*, 1995, No. 5377.

[77] Deardorff A. V. Handbook of international economics: Testing Trade Theories and Predicting Trade Flows [M]. Amsterdam: Elsevier, 1984.

[78] Decaluwe B. , Martens A. , Monette M. Macroclosures in Open Economy CGE Models: A Numerical Reappraisal [R]. *Cahier de recherche* 8704 , Département de sciences économiques, Université de Montréal, 1987.

[79] Deltas G. , Desmet K. , Facchini G. Hub and Spoke Free Trade Area [R]. *CERP working Paper*, 2005.

[80] Desmet K. , Rossi-Hansberg E. Spatial Development [J]. *American Economic Review*, 2014, 104 (4): 1211 – 1243.

[81] Eaton J. , Kortum S. Technology, Geography and Trade [J]. *Econometrica*, 2002 (70): 1741 – 1779.

[82] Egger P. , Mario L. Interdependent Preferential Trade Agreement Memberships: An Empirical Analysis [J]. *Journal of International Economics*, 2008 (76): 384 – 399.

[83] Evenett S. J. , Keller W. On Theories Explaining the Success of the Gravity Equation [J]. *Journal of Political Economy*, 2002, 110 (2): 281 – 316.

[84] Feenstra R. C. Advanced International Trade [M]. Princetion: Princetion University Press, 2003.

[85] Frank H. , Peter G. M. Neoclassical and Keynesian Perspectives on the Regional Macro-economy: A Computable General Equilibrium Approach [J]. *Journal of Regional Science*, 1989, 4 (29): 555 – 573.

[86] Frankel J. , Romer D. Does Trade Cause Growth? [J]. *American Economic Review*, 1999, 89 (3): 379 – 399.

[87] Frankel J. , Wei S. J. Trade Blocs and Currency Blocs [R]. *NBER Working Paper*, 1993, No. 4335.

[88] Grossman G. M. , Helpman E. Endogenous Innovation in the Theory

of Growth [J]. *Journal of Economic Perspectives*, 1994, 8 (1): 23 –44.

[89] Grossman G. M. , Helpman E. Managerial incentives and the international organization of production [J]. *Journal of International Economics*, 2004, 63 (2): 237 –262.

[90] Hamilton C. , Winters A. L. Opening up international trade with Eastern Europe [J]. *Economic policy*, 1992 (14): 77 –116.

[91] Harrison G. W. , Vinod H. D. The sensitivity analysis of applied general equilibrium models: Completely randomized factorial sampling designs [J]. *Review of Economics and Statistics*, 1992, 74 (2): 357 –362.

[92] Hassan K. M. Is SAARC a Viable Economic block? Evidence from Gravity Model [J]. *Journal of Asian Economics*, 2001 (12): 263 –290.

[93] Helpman E. , Krugman P. R. Market Structure and Foreign Trade: Increasing Returns, Imperfect Competition, and the International Economy [M]. Cambridge: MIT Press, 1985.

[94] Helpman E. Imperfect Competition and International Trade: Opening Remarks [J]. *European Economic Review*, 1987, 31 (1): 77 –83.

[95] Horstmann I. J. , Markusen J. R. Up the Average Cost Curve: Inefficient Entry and the New Protectionism [J]. *Journal of International Economics*, 1986 (20): 225 –247.

[96] Hummels D. , Klenow P. J. The Variety and Quality of a Nation's Exports [J]. *American Economic Review*, 2005, 95 (3): 704 –723.

[97] Hummels D. , Levinsohn J. Monopolistic Competition and International Trade: Reconsidering the Evidence [J]. *The Quarterly Journal of Economics*, 1995, 110 (3): 799 –836.

[98] Johnson H. G. The economic theory of customs union [J]. *Pakistan Economic Journal*, 1960, 10 (1): 14 –32.

[99] Kemp M. , Wan H. An Elementary Proposition Concerning the Formation of Customs Unions [J]. *Journal of International Economics*, 1976: 95 –97.

[100] Kemp M. A Contribution to the General Equilibrium Theory of the Preferential Trading [M]. Amsterdam: North-Holland Publishing Company, 1969.

[101] Kowalczyk C. , Wonnacott R. J. Hubs and Spokes, and Free Trade in the Americas [R]. *NBER Working Paper*, 1992, No. 4198.

[102] Kristian B. Dual Gravity: Using Spatial Econometrics to Control for Multilateral Resistance [J]. *Open Economic Review*, 2007, 48 (12): 45 – 78.

[103] Krugman P. Increasing Returns and Economic Geography [J]. *Journal of Political Economy*, 1991, 99 (3): 483 – 499.

[104] Krugman P. Scale Economies, Product Differentiation, and the Pattern of Trade [J]. *American Economic Review*, 1980, 70 (5): 950 – 959.

[105] Lipsey R. G. , Lancaster K. The General Theory of Second best [J]. *The Review of Economic Studies*, 1957, 24 (1): 11 – 32.

[106] Lipsey R. G. The Theory of Customs Unions: A General Survey [J]. *The Economic Journal*, 1960, 70 (279): 496 – 513.

[107] Lipsey R. G. The Theory of Customs Unions: Trade Diversion and Welfare [J]. *Economica*, 1957, 24 (93): 40 – 46.

[108] Lloyd P. J. 3X3 Theory of Customs Unions [J]. *Journal of International Economics*, 1982 (12): 41 – 63.

[109] Markusen J. R. Trade and the Gains from Trade with International Competition [J]. *Journal of International Economics*, 1981 (11): 531 – 551.

[110] McCallum J. National Borders Matter: Canada-U. S. Regional Trade Patterns [J]. *American Economic Review*, 1995, 8 (3): 615 – 623.

[111] McMillan J. , McCann E. Welfare Effects in Customs [J]. *Economic Journal*, 1981, 91 (363): 697 – 703.

[112] Meade J. The Theory of Customs Union [M]. Amsterdam: North-Holland, 1955.

[113] Melitz M. J. , Ottaviano G. P. Market Size, Trade, and Productivi-

ty [J]. *Review of Economic Studies*, 2008 (75): 295 –316.

[114] Melitz M. J. The Impact of Trade on Intra-industry Reallocations and Aggregate Industry Productivity [J]. *Econometrica*, 2003, 71 (6): 1695 – 1725.

[115] Mundell R. Tariff Preferences and the Terms of Trade [J]. *Manchester School Economic and Social Studies*, 1964: 1 – 13.

[116] Novy D. Is the Iceberg Melting Less Quickly? International Trade Costs after World War II [R]. *Warwick Economic Research Papers*, 2006, No. 764.

[117] Novy D. Trade Costs and the Open Macroeconomy [J]. *The Scandinavian Journal of Economics*, 2010, 112 (3): 514 –545.

[118] Obstfeld M. , Rogoff K. Exchange Rate Dynamics Redux [J]. *Journal of Political Economy*, 1995 (103): 624 –660.

[119] Ottaviano G. P. , Tabuchi T. , Thisse J. Agglomeration and Trade Revisited [J]. *International Economic Review*, 2002 (43): 409 –436.

[120] Riezman R. G. A 3X3 Model of Customs Unions [J]. *Journal of International Economics*, 1979 (37): 47 –61.

[121] Robson P. Integration, Development and Equity: Economic Integration in West Africa [M]. London: Allen & Unwin, 1983.

[122] Rossi-Hansberg Esteban. A Spatial Theory of Trade [J]. *The American Economic Review*, 2005, 95 (5): 1464 – 1491.

[123] Rossi-Hansberg E. A Spatial Theory of Trade [R]. *SIEPR Discussion Paper*, 2003, No. 02 –39.

[124] Samuelson P. The Transfer Problem and Transport Costs: Analysis of Effects of Trade Impediments [J]. *Economic Journal*, 1954 (64): 264 – 289.

[125] Summers L. H. Estimating the Long-Run Relationship Between Interest Rates and Inflation: A Response to McCallum [J]. *Journal of Monetary Economics*, 1990, 18 (1): 77 –86.

参考文献

[126] Tinbergen J. Shaping the World Economy: Suggestions for an International Economic Policy [M]. New York: The Twentieth Century Fund Press, 1962.

[127] Venables A. J. Economic Integration and the Location of Firms [J]. *American Economic Review*, 1995, 85 (2): 296 – 300.

[128] Venables A. J. Trade and Trade Policy with Differentiated Products: A Chamberlinian-Ricardian Model [J]. *Economic Journal*, 1987 (97): 700 – 717.

[129] Venables A. J. Trade and Trade Policy with Imperfect Competition: The Case of Identical Products and Free Entry [J]. *Journal of International Economics*, 1985 (19): 1 – 19.

[130] Viner J. The Customs Union Issue [M]. New York: Carnegie Endowment for International Peace, 1950.

[131] Wei S. J. Intra-national versus International trade: How stubborn are Nations in Global Integration? [R]. *NBER Working Paper*, 1996, No. 5531.

[132] Winters A. L. , Chang W. Regional Integration and Import Price: An Empirical Investigation [J]. *Journal of International Economics*, 2000, 51 (2): 363 – 377.

[133] Wolf H. C. Intra-national Home Bias in Trade [J]. *The Review of Economics and Statistics*, 2000, 82 (4): 555 – 563.

区域贸易协定的多边效应——以RCEP合作为例